世界報業考察記

戈公振 著

劉明輝 孫戈 整理

商務印書館
創于1897 The Commercial Press

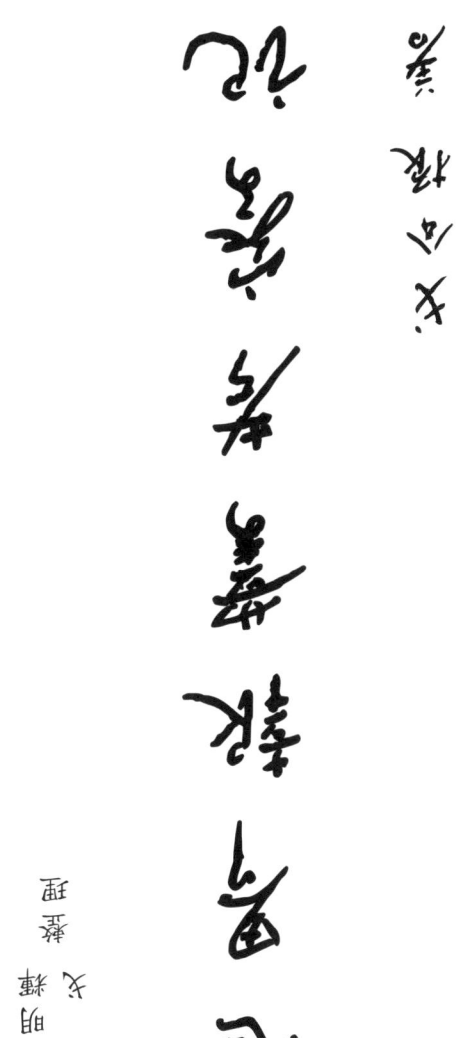

圖書在版編目（CIP）數據

世界報業考察記／戈公振著；劉明輝，孫戈整理.
—北京：商務印書館，2017
ISBN 978-7-100-14370-7

Ⅰ.①世…　Ⅱ.①戈…②劉…③孫…　Ⅲ.①報紙—新聞事業史—研究—世界　Ⅳ.①G219.19

中國版本圖書館CIP數據核字（2017）第173111號

ISBN 978-7-100-14370-7

世界報業考察記

戈公振　著

商　務　印　書　館　出　版
（北京王府井大街36號　郵政編碼100710）
商　務　印　書　館　發　行
山東鴻君傑文化發展有限公司印刷
ISBN 978-7-100-14370-7

2017年7月第1版　　開本 889×1194　1/16
2017年7月第1次印刷　　印張 13.75

定價：168.00元

戈公振（一八九〇—一九三五），原名紹發，字春霆，號公振，江蘇東臺人。中國現代著名新聞學家、愛國新聞記者、中國新聞史研究的開創者。在《時報》和《申報》先後工作近二十年。一九二〇年創《圖畫時報》，一九二一年任新成立的「上海新聞記者聯歡會」會長。曾以記者身份赴法國、瑞士、德國、意大利、英國、美國、日本等國考察新聞業。一九二七年受國聯邀請出席在日内瓦舉行的國際新聞專家會議。「九一八」事變後，積極參加抗日救亡運動，並以記者身份隨國聯調查團赴東北調查日軍侵華真相。著有《中國報學史》《世界報業考察記》《東北到庶聯》《新聞學》等，並編譯《新聞學撮要》等。

目録

序

秦紹德

聽到戈公振先生八十六年前寫的《世界報業考察記》失而復得的消息，没有比這更令人興奮了！八十五年前，即一九三二年一月，在日本發動的淞滬戰爭中，商務印書館大樓被炸毁，許多書稿資料付之一炬。據説，戈公振先生交付商務的書稿《世界報業考察記》還没來得及出版也在其中。聞者無不惋惜。聽聞上海圖書館中國文化名人手稿館和戈氏後人決定將遺物中保存完好的遺稿重新出版，不禁喜出望外。今年是中國歷史最悠久的出版機構——商務印書館建館一百二十周年大慶。他們決定出版這一遺著以作紀念，無疑也應該載入史册。這不僅還了歷史宿願，可以告慰戈公振先生在天之靈，而且又繼承了商務的優良傳統，以出版和保藏文化精粹爲己任。有什麼可以比這更好地慶祝自己的生日呢！

作爲大衆傳播媒介，中國近代報刊不是從中國古代報紙發育而成，而是從西方資本主義國家移植過來的。無論從舉辦宗旨，還是從傳播内容、形式來説，古代報紙和以傳播新聞爲職責、以大衆爲發行對象的近代報紙，没有任何共同之處。一八四〇年鴉片戰爭前後，西方傳教士和商人通過不同途徑來到中國。他們帶來的，不僅是宗教和貿易，還有傳教和通商所需要的公共傳播媒介。而這種媒介是他們根據母國的樣本到中國來複製的（自然要適應中國的情況稍加改造）。所以，中國近代報刊的誕生期，外國人所辦的外文報刊占據絶對壟斷地位（也就是戈公振所説「外報創始時期」）。這使中國人大開眼界，原來世間還有如此飛快傳遞消息的東西。林則徐是「睜開眼睛看世界」較早之人，他很快注意到外國人所辦之報刊，爲禁煙計，他組織人翻譯外文報刊，在官場内部流傳。還有一批中國人則産生了自己辦報刊的潛在想法。

這樣的大背景就決定了，中國近代報刊從誕生起一直以西方報刊爲模板而加以學習的。最早「學生意」的是一批舊式文人，有在宗教印刷所供職的王韜等人，在商業報刊中謀職的錢昕伯、陳靄齡、蔡爾康等人。他們接觸、瞭解了外報，同時也把中國傳統文化帶給了供職的報刊。中國近代報刊的發展真正打開局面，還是和政治鬥争聯繫在一起。無論是企圖使朝廷革故鼎新的戊戌變法，還是以推翻清廷爲目標的辛亥革命，都使得中國人自己辦的報刊得到空前的發展。近代報刊作爲大衆傳播媒介，被中國社會接受了。以至於晚清朝廷和各地也隨潮流辦起了官報。但這時的中國報刊，從形態到生産流程都是很落後的。學生向先生學習，學得很艱苦，還没有學像。畢竟，起步相距一二百年。

辛亥革命以後，第一次世界大戰期間，中國民族資本有了長足的發展。中國人逐步獲得外國人所辦報紙的股權，中國報刊逐漸向現代化大路上迅跑。這個階段一直延續到一九三七年日本全面侵略中國之前。上海的大報《申報》由史量才等人接辦，並開始企業化經營，就是一個典型事例。上海的報館街——望平街達到繁榮也在這時。中國報刊進步的特徵是，新聞的採集更加迅捷，電報、電話已廣泛採用；報刊的印刷普遍採用高速輪轉機；發行也有了便捷的交通工具：汽車和火車；報館的經營更加商業化，廣告已成爲報社支柱；報業資本積累起來，規模迅速擴大，不少報館建起了標志性大樓。戈公振從一九一四年進入《時報》當校對，到後來擔任總編輯，所經歷的正是中國近代報業的發展過程。對於發展中的艱難，以及存在的弊端，必有切身的體會。他屬於區別于王韜等人，又區別于梁啓超、汪康年、于右任等人的第三代報人。受過傳統中式啓蒙教育，又受過一點西式教育。

戈公振是一個職業新聞工作者，但又不是一個普通的從業者。他熱愛自己的職業，兢兢業業做好每一份工作，但又不滿足於每天僅把本份工作做好，而是一邊幹，一邊研究琢磨問題。套用一句現代語言，他是一位研究型的新聞工作者。他在《時報》任要職的同時，竟耗費幾年業餘時間，蒐集資料，寫就《中國報學史》這一開創性新聞史學著作。正是在寫作過程中，使戈公振萌生了去國外考察的念頭。他與當時許多人一樣，心目中是以西方現代報業，特別是諸如倫敦泰晤士報、紐約時報等世界著名大報爲榜樣學習的。辦成那樣的大報是職業的理想。但畢竟没有親臨其境考察過。一個偶然的機緣促成了他的考察之行。

一九二七年八月，他應國聯邀請，出席在日内瓦舉行的國際新聞專家會議。在會上，他結識了泰晤士報的上層朋友。經他們介紹，遂成考察之行。世界上的事情就是這樣，往往是必然性和偶然性的結合，必然性存在於偶然性之中。中國人去歐美大報考察學習是必然的，遲早要發生的。但歷史地落到戈公振頭上，這又具有偶然性。戈公振從事報業十五年，又有開創性研究成果，没有誰比他更合適去考察世界報業了。

現在可以説，他是第一個近距離觀察世界現代巨型日報的中國人。《考察記》寫得極具現場感。從新聞採編寫到廣告安排，從文字生産寫到印刷發行，甚至從生産環節寫到職工福利。既有現場描摹，又配以數據統計。如果仔細地讀一遍《考察記》，等於到了現場。作爲一個曾經的報人，我讀後感到特别親切。俗話説：「外行看熱鬧，内行看門道。」如果没有多年報館工作的親身實踐，《考察記》不可能寫得那麽貼切、内行。一般人初進現代報館，看到採編部門挑燈夜戰，印刷車間震耳欲聾，早就暈了，更不用説看出什麽名堂。《考察記》呈現的却是有條不紊的新聞生産過程。《考察記》還具有歷史感。除了現場記録之外，戈公振還寫了倫敦泰晤士報的報址變遷、印刷史和主持人更替史，附録北岩爵士小傳。對紐約泰晤士報，戈公振則翻譯了喬瑟夫所寫的「紐約泰晤士之精神與發育」一文作爲附録。初讀者以爲附録的歷史與考察無關，有累贅之感。其實，這正是戈氏高明之處。知史方能鑒今。站在歷史的高度來看英美這些大報，方知報紙孕育不易，成長更難，其中堅持一以貫之的崇高宗旨與精神尤爲重要。這是中國報紙要學習的另一方面。

有縱深感，《考察記》就顯得厚實。如果不是像戈公振這樣具有報學史的學養，也寫不出這一部分來。

考察是爲了學習，學習是准備實踐的。這就是實踐家和學者的區别。一九二八年年底，考察結束回國，戈公振是有其打算的。由於人事的原因，他没有回到熟悉的《時報》，却被上海另一家大報《申報》聘爲總管理處設計部副主任。這是一個什麽職務？其時，《申報》老闆史量才正准備對已發行了兩萬號的老《申報》進行改造。新成立的總管理處是一個設計、推行革新措施的機構和平臺。參加總管理處的還有黄炎培、陶行知等人。在國外考察時，戈公振已接受了史量才的聘用。回國正好施展宏圖。從戈公振進入《申報》最初做的幾件事，就可知他的考察成果正在逐步付諸實現。一九二九年，戈公振創辦申報資料室，親自帶人剪報，收集資料，分類成列。一九三〇年，戈公振創辦《申報圖畫週刊》。「九一八」事變後，國内形勢大變。戈公振親赴東北採訪，此後又投入上海淞滬抗戰後的救亡運動，離開《申報》漸遠。但我們從《申報》三十年代初所創設的各項文化、社會事業中，仿佛可以看到戈公振考察成果帶來的影響。一九三一年十月起，《申報》先後創辦了《申報月刊》《申報年鑒》，出版了《申報叢書》，創辦了「申報流通圖書館」，改進了讀者服務工作。《申報》如同泰晤士報那樣，發展成爲社會影響越來越大的報業出版集團和社會公共團體。戈公振的部分理想得到實現。

作爲第一手歷史資料，《考察記》忠實記録了上世紀二三十年代，我們新聞界的前輩如何懷着理想，如饑似渴地向英美先進的報業學習，記録了他們當時觀察世界的視野和内心的活動。這無疑爲中國新聞史增添了珍貴的一頁。而《考察記》中體現的他們對於新聞事業崇高社會責任的追求和堅持，是值得今天的媒體人深思和永遠銘記的，無論是傳統媒體，還是新媒體。這就是戈公振先生在前言中所説：「深信一事之成功必在長期奮鬥以後，且非純粹營利性質，而爲對於公衆之一種貢獻。」

懷著對新聞前輩的崇敬忝爲序

二〇一七年酷暑中

迎合世界之新潮，發皇吾儕之美質（代序）

黄　旦

一九三二年一月底的一個夜晚，日軍轟炸上海，在商務印書館静候出版的戈公振先生之《世界報業考察記》，恰遭此飛天横禍，頃刻化爲灰燼，讓人惋惜不已。本以爲自此已無再見之可能，詎不料今天重現於天日，且仍由商務印書館執其事畢其功。驚喜之餘，不禁爲造化弄人，緣分有定而感嘆。

戈公振的這次出訪，起程於一九二七年初，回國則是一九二八年十一月，書稿所記正是他途程中走訪英國《泰晤士報》和美國《紐約時報》之所見所得。書稿自序中云，「居國外二載，就見聞所及，蒐材綦富」，「今將途中已編成之世界報業考察記一部分，先付手民」，交代的正是這一背景。不過據其侄戈寶權，該考察記實成於其回國之後，他還曾親自參與其事，抄寫和校閲過這部分稿子。〔一〕以此推測，所謂「途中已編成」的可能是一個初稿，付梓出版前又做過一番整理。

時年三十七歲的戈公振，是首次走出國門，儘管早就存「壯遊世界」〔二〕之心。臨行前他專門在自

〔一〕見戈公振《中國報學史》前言，生活·讀書·新知三聯書店，一九五五年，四頁。
〔二〕洪惟傑編著：《戈公振年譜》，江蘇人民出版社，一九九〇年，二十四頁。

己任職多年的《時報》上刊出啓事，向社會廣而告之，可見是有幾分激動的。不清楚在其原來安排的行程中，是否有走訪該兩家報社之籌劃，就其考察記中言及的兩位聯繫人，都是在日内瓦參加國際報界專家大會所結識，帶有一定的偶然性。但有一點可以肯定，戈公振以及當時的中國報界，對於國外這兩家大名赫赫的報紙，不僅不陌生而且是多有嚮往。一九二一年十一月北岩自天津轉而南下上海時，《申報》專派汪英賓到南京迎接，並在報上登了他的照片，贊頌其「文章言論有左右英國政治之力」。滬上其他報館也不甘落後，推舉一代表赴甯接倏〔一〕，甚是隆重。仔細體察一下可發現，在戈公振的《中國報學史》中，就不時閃現它們的影子，並作爲新聞專業主義實踐的典範，成爲比照分析中國報紙狀況的標尺。

戈公振不是一個容易歸類的人物，按目今的時髦説法，他是一個非常成功的跨界者，在「報」和「學」中均享有不小的成績。以「報」而論，在出國時他就具十五年報紙工作之經歷，由校對、助理編輯、編輯直至總編輯，還擔任過「上海新聞記者聯歡會」第一任會長，在新聞圈頗有影響。〔二〕在該次訪察結束回來時，《申報》專門爲之發了報導，稱「名記者戈公振氏」在首途赴歐美日各國遊覽並考察

〔一〕《北岩爵士今晚抵滬》，《申報》，一九二一年十一月二十日。
〔二〕參前揭《戈公振年譜》。

新聞事業之後，業於昨日下午二時回抵上海，共計有潘公展等二十餘人到碼頭相迎，還配發了一千人在碼頭合影的照片，可見算是上海灘上一件不小的事。〔一〕於「學」而言，且不說他在各種刊物上針對中國報業狀況所發表的諸種文字，也不提早年編譯的《新聞學撮要》，後來寫就的《新聞學》，單就一本一九二七年問世的《中國報學史》，就足以奠定其地位，至今仍是治報刊史者所不可缺的案頭書。此種「學」與「術」的渾然交融，既體現了戈氏四十五年人生的獨特性，同時也奠定了其考察報業的基本眼光和思路。

出於報紙一綫摸爬滾打多年的經歷和偏好，戈公振的現場觀察，重點是在這兩家世界著名報紙的部門構成、結構格局及其生産運轉和日常管理。採編自然是必經之地，此外還「遍歷排字鑄字鐃版印刷諸室」，甚至包括人員福利、廣告營銷、經費開支，乃至食堂餐廳淋浴室換衣櫃等等，都在他的視綫之內。看得多，記得也細，戈公振頗像一個細心導遊，將兩個報社的基本狀況，從頭到尾一一指點，連機器發出的噪音都不放過，很有現場感。然而，他所具有的「學」的興趣和素養，又不滿足於停留在現象的介紹，不僅内含自己的思考，更意在借此激發人們知其然也知其所以然，故特地「再從歷史上加以介紹，俾世之治報學者，知所考鏡焉」。現場紀録和報紙歷史的疊加，即前面部分是親身所見所聽，後

〔一〕《戈公振昨日回國》，《申報》，一九二八年十二月十五日。

面部分是歷史追述，構成該考察記的基本格式。

看上去，這很符合戈氏的兩栖身份，但却是一個很奇怪的組合。按理，現場考察與歷史，完全處於兩個不同的時段，在叙事方式上也有根本差異。最簡單地説，考察是考察者在場，是第一人稱；歷史，是對以往事迹的整理和書寫，總是以第三人稱出現。現在戈公振却是以「參觀記」爲名，將二者統編一起。當然，在新聞報導中也常常根據需要，添加一些有關被報導對象的背景材料，比如其來龍去脉，以便讀者瞭解。但在戈公振的這兩個參觀記中，歷史部分顯然不是作爲一種輔助性背景來處理的，當他特意注明北岩爵士小傳屬於附録時，顯見表明其他的歷史部分不是附屬，而是與實地參觀記録並存的主體内容，具有同等重要性，這不能不引起我們的注意。叙述的重組不能被認爲是一種「風格技巧」，也不是遣詞造句意義上的修辭，而是涉及整套書寫的程式和規則，屬於「知識詩學」的研究範疇。〔一〕朗西埃的這個説法爲我們理解戈公振提供了思路。

《泰晤士報》戈公振去了兩次，第一次看上去主要是聽介紹，重點是其採編狀況。可能是受到干擾，接待者韋廉博士「頗有人訪」，故而時間不夠，所以又去了第二次。這一次則是由報社人員帶領，直接走訪廣告、印刷、出版等部門。從這一部分的篇幅看，參觀部分比較簡略，相反，歷史的部分占了其三

〔一〕雅克·朗西埃：《歷史之名——論知識的詩學》，魏德驥、楊淳嫻譯，華東師範大學出版社，三十一、十六頁。

分之二，在嚴格意義上，甚至與參觀記名實不副。爲何在處理上薄此厚彼，原因不詳，但關於歷史部分的必要性，戈公振作了這樣的説明：該報「在國内及國際間，不失其領袖報紙之地位」，除了「英國國運昌隆，有一言而左右世界政局之觀」之外，那就是報紙「自創始以迄今兹繼續不斷之努力」，於此，「爰不憚覼縷，再從歷史上加以介紹」。按此説法，我們可以感覺到，在戈公振眼裏，《泰晤士報》之所以「有一言而左右世界」，有其自身理由，那就是「繼續不斷之努力」，這一過程迄今仍在繼續。現場考察中所聽到看到的一切，不僅是此種努力所致，而且就是其外化。在這個意義上説，《泰晤士報》的歷史與現狀實爲一體，不能分割，並必然是在「繼續不斷之努力」中互爲照應。

《紐約時報》參觀記則相反，現狀占了大頭，「記之特詳」，尤其是關於「物質上之設備」。因爲這「較歐洲報館爲完美」，「足供我國報館之參考也」。同樣與在倫敦參觀不同的是，戈公振在《紐約時報》是直接進入現場。在《紐約時報》陪同人員引領下，乘電梯先是「直達頂端，然後逐層而下」，「直至地層而後止」。頗值注意的是，他的參觀記的順序却不是按此「逐層而下」，而是開始於三樓的新聞部，然後跳到八樓的週刊部，再是十樓編輯部，完了忽又下至四樓的排字房、地下室的印刷車間，重再上行到五樓推銷部，而後下降至二樓的發行和廣告，最終止於十四樓的發行人辦公室，也就是整個報館的中樞區域。

這種上上下下的記録綫路，應該是經過精心考慮的。前面已經説過，戈公振算是資深記者，從新聞部開始到編輯部再到印刷、廣告和發行，充分反映了他作爲一個報人的興趣點，亦即一個報社的新聞生産及運作的基本流程和主要環節。毫無疑問，這也可以滿足他理解的一般讀者對於報館的好奇心，「使未身歷其境之讀者」，則對此每日價格「僅二分之印刷物，初無奇于晨間之一杯香茗與麵包，而不知製造此日與我啓牖之一束報紙，其原料及工作，乃至廣泛而複雜」。最值得留意的是其最終停留處，即報社的「執行人辦公處」，也就是發行人之所在。發行人辦公室「監督各部複雜之工作。發行人于各項事務及執事者均充分熟悉，不愧其爲此集團中之主體」，寥寥幾句，就突顯其功能和地位之重要。與此相映襯，戈公振不厭其煩地爲讀者描畫了辦公室的面貌：自其窗中外眺，「可瞭望市心及東南北三極端」，可見視綫極好，有登高望遠之感；内裏「壁間張世界名人之署名像片——同業之發行人及主筆，各外國政府今昔之外交官吏，美國之新舊總統，大學校及神學院長，以及國内外各辦公署領袖」，還有報館「附近之風景畫」；室中有「圖書架，庋置該報各種出版物。桌椅均胡桃木製，案頭常供養悦目之鮮花」，處處呈現出「陳設修潔而莊嚴」。這，又恰好與居高環望耳聽八方的窗外透視相得益彰。内外交融，着力的是發行人辦公處所，烘托出的是發行人統攝整個報社的崇高之地位：《紐約時報》「内部工作之複雜與宏大」，「全館組織，無殊一家族」，均與發行人密不可分。「爲今之發行人，自一八九六年經理此報，得有破産之境而躋于精力彌滿聲威鼎盛之地位」，「許由其天賦之特性及家庭之教育」。報紙的偉大之成功，「美邦之際會風雲，亦莫非由於其國民之富于此種特徵」。走筆到此，戈公振結束了參觀考察之記敍，話頭一轉，立即續接上《紐約時報》歷史，「美人喬瑟夫氏所著紐約泰晤士之精神與發育一文，筆墨簡潔，足供其歷史上之研求」。就像英國《泰晤士報》的「繼續不斷之努力」，戈公振則是抽出《紐約時報》的「精神與發育」，實現歷史研求和現實考察的對接，以明瞭報紙「聲威鼎盛」的過程。

於此可見，在戈公振的筆下，現狀和歷史既不是兩個處於不同時間端點的部分，也不是從歷史到現狀的時間流程——就像其《中國報學史》中所顯示的那樣，而是互爲印證的循環體：現狀激引起歷史的回望，歷史則爲現狀做證明。戈公振用一種抽象的「努力」和「精神」，消弭了二者的時間差，將不同空間架接整合，使本不相干的部分形成首尾呼應，構成動態的渾然體，好似一條雙頭蛇互相咬住對方。就其功能而言，這可以將自己所見所不便表達的部分，借用他人——歷史來道出。若以朗西埃從言説存在角度對「敘述」和「論述」之所分，戈公振的參觀記録可以被認定爲一種敘述，歷史的部分相當於「論述」。《世界報業考察記》是一種以「注釋兼解釋的論述爲架構之敘事」，是在「論述的系統下建立叙述」。〔一〕這就是説，通過考察的記述，戈公振意在從報紙的生産環節及其目前達到的水準乃至於報館大樓形狀及所在（比如《紐約時報》），透露出兩家報紙的能力、實力和影響；通過歷史的回溯，揭示其原因和意義，由此實現其知今鑒古或鑒古知今的目的。因此，儘管《泰晤士報》的歷史，看上去是戈公振根據手頭文獻資料的整理，《紐約時報》的歷史作者是「喬瑟夫」，但二者却不乏共同之處。首先其重點都是落在人——經理、發行人或者主編身上。其次，這些人物不僅堅韌不拔，更重要的是堅持獨立辦報，而且是代代相承接替努力，才有了報紙今天所具有的權威和地位。「泰晤士今日之繁榮，實由其獨立之精神，華爾透第一之經營其報紙也。」《紐約時報》「自認爲一獨立的民主派報紙，惟其以獨立自限，尤甚于民主」。因其「所抱中庸穩健忠實之信條，日久爲公衆所認識，當然有今日之信仰與報酬隨之而至」。其實，在戈公振訪問時，《紐約時報》尚處在頂峰，《泰晤士報》則已經走下坡路；就其歷史看，初期的《泰晤士報》也不獨立，曾經受到過政府的周到照顧，直到華爾特二世執掌權力時才開始扭轉，而雷蒙德時期的《紐約時報》，實際上就是共和黨的喉舌〔二〕。但是這一切，在戈公振的歷史叙述中，基本没有看到，即便有所涉及，亦是一閃而過，給人留下的突出印象，乃《紐約時報》與

〔一〕雅克·朗西埃：《歷史之名——論知識的詩學》，三〇頁。
〔二〕參馬丁·沃克：《報紙的力量——世界十二家大報》，蘇潼君、詮申譯，新華出版社，一九八七年。

倫敦泰晤士兩報，在今日皆具無上威權，各執一洲輿論界牛耳」的奮力拼搏之經過。

戈公振的域外之行，恰是在《中國報學史》殺青即將出版之際。在前面曾提到過的《時報》「啓事」中，戈公振除了告之有出國之行，另一事就是爲自己的著作打廣告，告知「有興味於報紙」之讀者諸君，《中國報學史》和修訂版《新聞學撮要》，「現在排印中，不日可以出版」，「幸祈留意」。〔一〕《中國報學史》的完成和戈氏的考察，在其時間上的先後銜接或許只是一種巧合，但不能因此而忽略其内在關係。戈公振的「考察」，本就是帶着自己積有的知識和經驗，亦即「學」與「術」之儲備而去的。無論是出於「術」還是爲了「學」，如果没有一個先在的基礎——即對當時中國報刊現狀的把握和研究，所謂的「知所考鏡」，就無從談起也無處措手。正是從這樣的角度看，剛剛完成的《中國報學史》，必然構成戈公振這次出國考察的知識儲備的重要部分，也爲我們瞭解戈公振出國前夕對於中國報業之總體印象和評價，提供了上好的渠道：

民國以來之報紙，舍一部分之雜誌外，其精神遠遜於清末。蓋有爲之記者，非進而爲官，即退而爲營業所化。故政治革命迄未成功，國事腐敗日益加甚。

〔一〕轉引自洪惟傑：《戈公振年譜》，二十八—二十九頁。

之所以如此，根子在於報業從業者：

昔之服務報界者，大半非科舉化之人物，即法政學生化之人物，抱「學以爲仕」之傳統心理，視報紙爲過渡寶筏，彼心目中只知有政治，故不知社會之重要；只知有官，故不知國民之重要；因官僚幕下集中式的政治，故只知有中央，而不知地方之重要；又因功利心熱，投機心切，至甘心爲政治機關，爲黨派利用，則亦必至之結果也。〔一〕

以此所見，如果説戈公振的《世界報業考察記》，就是針對中國報業而起，並没有什麼不妥。其苦心孤詣使現狀和歷史互爲映照，怕正是要借此爲中國的報業樹立典範，指明奮起追趕之方向。「往者已矣，來日方長，深願吾同業知環境之不良，有徹底之覺悟，重視本業，勿務其他，迎合世界之新潮，發皇吾儕之美質，天職所在，其共勖之！」〔二〕

〔一〕前揭《中國報學史》，一九六、三六三頁。
〔二〕前揭《中國報學史》，三六三頁。

戈公振抱有這樣的想法並不令人奇怪，而且是有根源的。我在之前的一篇文章〔一〕中曾經提及，戈公振對於報刊歷史的看法，依循的是綫性進化觀，他堅定地相信，中國報紙將是依照如下的綫路而發展：由公信而成官報，官報分爲兩支：一是變爲邸報，一是到了民間，成爲民報。在社會需要作用下，民報在内容上或偏於商情，或重於社會，並開始有人以此爲業，亦有人成爲訂閱者。因經濟難以爲繼，政黨資助報紙應運而生，遂成黨報。爲黨派做喉舌，終非辦報長久之計，又演化爲商業化報紙，其中又分兩種：或是獨立報（不受人支配），或是自由報（不受人干預）。〔二〕報刊的這種進步，又必定與國家及其人民現代轉型交織一起相伴而行。在他眼裏，官報、外報和民報的歷史，就是中國人從「不識不知順帝之則」，到「自報章之文體行，遇事暢言，意無不盡。因印刷之進化，而傳佈愈易，因批判之風開，而真理乃愈見。所謂自由博愛平等之學説，乃一一輸入我國，而國人始知有所謂自由、博愛、平等。故能于十餘年間，顛覆清社，宏我漢京」的過程，人民在報紙長期薰陶下，終在「漸知個人之外，尚有社會，尚有國家，去真正醒覺之期不遠矣」，足見「文學之興衰，係乎國運之隆替」。〔三〕以此回到這個《世界報業考察記》，戈公振通過其現狀和歷史試圖努力呈現的，就是這樣一個變革鏈條。由此，

〔一〕黄旦：《新報刊史書寫：範式的變更》，《新聞與傳播研究》，二〇一五年，第十二期。
〔二〕戈公振：《報紙之將來》，載黄天鵬編：《新聞學演講集》，上海現代書局，一九三一年。
〔三〕前揭《中國報學史》，六十二、一七七、一九八頁。

這兩份報紙的整個發展過程，就與中國報業發生了自然對接，並產生出另一層未曾明言的含義：《泰晤士報》和《紐約時報》之歷史，是中國報業的必經之路；兩家報紙目前之現狀，則就是中國報業的未來。他借此是要突出自己這樣的一個想法：《泰晤士報》和《紐約時報》就是世界報業的引領者，或者説它們就是世界。中國報業只有跟隨它們，匯入其中，融入其內，才能與世界對話，成爲世界報業大潮中的一個部分。大浪滔滔水流東，趨向是必然的，關鍵在於人。《泰晤士報》和《紐約時報》歷史上的各任經理、發行人或主筆的所作所爲，早就證明了這一點，中國報紙的未來，則端視其從業者是否具有這樣的覺悟、眼光和奮鬥精神，「吾不能不希望我國報紙之覺悟，吾更不能不希望我國報界之努力！」〔一〕

就原書稿的封面看，該書是《世界報業考察記》的第一編，這與戈公振在自序中所説的，將「已編成之世界報業考察記一部分，先付手民」也是吻合的。據洪惟傑先生的《戈公振年譜》，戈公振此番出國，除了上述兩家報社，還走訪過《芝加哥論壇報》、日本《大阪每日新聞》以及路透社等，依此看，他本有繼續編著下去的意圖，可惜雄心未竟，這對於他本人，同樣也對於後世的我們，恐怕都是不小的損失。

〔一〕前揭《中國報學史》，一九八頁。

當然，書是有不同讀法的。若僅拘泥於知識的層面，今天的讀者或許會覺得戈公振的《世界報業考察記》並不能予之太大的刺激，因爲戈公振的考察距今過去了九十年，我們對於國外報紙的瞭解，已經遠遠超出了參觀記之所記。然而，如果穿過字裏行間，捕捉作者的心迹和精神脉動，那麼，戈公振寄託於筆墨之中的那份理想，他希望改變中國報業的急迫之心，希望中國報業奮起直追趕上世界先進大報的急切之情，希望以報紙的進步推動中國社會進步的堅毅之意，正體現出那一代記者和新聞學者的理想追求、職業情懷和不屈意志。「重視本業，勿務其他，迎合世界之新潮，發皇吾儕之美質」，是戈公振對於中國報業的殷切期待，也是他個人内心所求之寫照。他回國後創辦「申報圖書資料參考部」，四處做世界報業狀況之報告，撰寫《新聞學》，參與《生活日報》之籌辦，赴蘇聯參觀考察……點點滴滴，勾畫出的正是其親力親爲、實踐自己意願之軌迹。「路漫漫其修遠兮，吾將上下而求索。」《世界報業考察記》，本意在爲「希望我國報界之努力」提供努力之希望，却無意中架設起我們今天體味感悟那一代報界和學界先進的精神世界之橋樑。這就是《世界報業考察記》所閃耀出且不會褪色的永久光彩！商務印書館將這份八十五年前的遺稿，在今天予以出版，除了完成曾經的承諾和約定，其主要意義恐怕也在於此。

整理説明

劉明輝

一代報人戈公振（一八九〇—一九三五）是著名的愛國記者、新聞學者和中國新聞史研究的開創者。其代表作《中國報學史》於一九二七年十一月由商務印書館出版後，成爲我國第一部系統全面論述中國新聞事業發展的學術專著。這部著作主要取材於徐家匯藏書樓豐富的館藏，特别是晚清以來所出版的中外文報刊，爲戈公振的報學研究提供了大量實物文獻。當年的藏書樓主持者徐宗澤修士（徐光啓後裔）對戈公振的寫作給予了許多幫助。戈公振逝世後，其侄戈寶權和胞妹戈紹怡考慮到戈公振與徐家匯藏書樓的特殊緣分和密切聯繫，於一九五五年決定將戈公振藏書與手稿等文獻捐予徐家匯藏書樓收藏。

一九六三年十月，上海圖書館曾根據這批捐贈的文獻整理編制完成《戈公振先生藏書目録》，共計一五三三册，其中有一批極爲珍貴的中國早期報紙和戈公振手稿及其與文化名人的往來信札。「戈氏文獻」原在徐家匯藏書樓辟專室收藏，上海圖書館淮海中路新館落成後，移藏於上海圖書館歷史文獻中心（手稿入藏於中國文化名人手稿館）。今年適逢商務印書館創立一百二十周年，上海圖書館在年初開展了館藏商務印書館與張元濟相關文獻的專題收集整理，以籌辦紀念商務印書館創立一百二十周年和張元濟誕辰一百五十周年館藏文獻展。於是，「戈氏文獻」再次進入了我們的視野。這批文獻包含的手稿中，最引人注目的是戈公振新聞研究著作《中國報學史》殘稿和因商務印書館遭日軍轟炸而未及出版的《世界報業考察記》遺稿。今年初春，戈公振先生後人來館查看先人文獻，中國文化名人手稿館給予了熱情接待，並商議值此商務印書館創立一百二十周年之際，重新出版這部八十六年前寫成但從未面世的《世界報業考察記》。經手稿館領導批准後，得到了商務印書館的積極回應與支持，決定予以整理出版，以此紀念商務印書館館慶和中國人民抗日戰爭全面爆發八十周年，緬懷這位名垂青史的愛國報人。

館藏《世界報業考察記》遺稿放置於一個扁方盒内，其中包含《世界報業考察記》稿本、校勘表、用於出版的插圖照片（附原信封），以及戈公振親自參與設計的封面和版式樣稿等。從遺稿上「自序」的落款時間看，書稿完成於一九三一年二月十日。商務印書館於該年五月二十六日收到此稿。從遺稿封面注明的「第一編」字樣推測，戈公振還有續寫這部書稿的打算或此後已有續編。《申報》曾於一九三一年二月二十四日以「戈著世界報業考察記第一編不日即可出版」爲題刊發報道：「中國報學史作者戈公振氏歸國後，以旅外二載考察所得，將關於報業者編爲《世界報業考察記》一書。書分五編，包含報館、通信社、報紙教育、記者待遇、國際報界合作等問題。茲第一編爲倫敦及紐約泰晤士報參觀記，附北岩爵士小傳，已交由商務書館印行，不日即可出版。」亦可應證。

遺稿中的文本至少呈現出三種筆迹。根據比對館藏戈公振其他手稿和戈寶權信札，初步判斷文本的主體除戈公振親筆外，另有戈寶權和其他人協助謄抄的部分，這些字迹整潔連貫，改動較少，戈公振對抄稿進行了修改補充，紙面上形成了完全不同的字迹。從本館所藏戈寶權致戈公振的信中可證實，《世界報業考察記》在寫作的過程中曾得到戈寶權的協助。根據筆迹和内容判斷，文後的勘誤表即出自戈寶權筆下。勘誤表中所提到的頁碼行數與正文不相一致，據此推測這是針對此書校樣的一份記録，由此可證當時此書已發排。從編輯書寫的統計字數、字號及商務印書館鈐印看，此稿是正式排印前的最後一稿。半年後的一九三二年初，「一・二八」事變爆發，日軍轟炸上海，商務印書館是罹遇定點炸毀的文化機構之一。《世界報業考察記》尚未面世，排印稿即遭毀失，令人扼腕。

此番首次面世的《世界報業考察記》包括全部遺稿的影印件和全書整理稿兩部分。在整理過程中，如遇明顯的錯字，或在原字後加括號註明正字，或以腳註形式予以説明，其餘人名、地名、專有名詞以及雖與現今出版規範有違但不致引起歧義的字詞，均遵照原稿所書整理，以盡可能保留書稿原貌。因字迹漶漫而致整理者無法辨認的，以□形式表示。本書的整理和校訂，得到了商務印書館編輯和本館同仁的指導和幫助。戈公振後人孫戈先生利用往返各地出差及照顧老母親起居的間隙熱情參與完成文字識別及附件圖片的辨識工作。在此向他們致以誠摯的感謝和敬意。

據鄒韜奮回憶，戈公振在彌留之際還心系報業和國内時局，對凝聚自己多年心血的《世界報業考察記》文稿念念不忘：

他很輕微地很吃力地說：「韜奮兄……我的身體太弱……這次恐怕經不住……我有幾句話……」他的聲音非常地微弱，且因氣喘漸甚，斷斷續續地說，我俯着頭把耳朵就近他的嘴邊才聽得出。我想這是遺囑的口氣，便插着說，馬蔭良先生也來了，我去請他來一同聽，他說好。於是我們兩個人就同在榻旁忍淚靜聽他說。同時他的妹妹伏在他的枕旁淚如泉湧地哀痛着。他接着說：「我的著作……《報學史》原想用白話寫過，現請你叫寶權（戈先生的侄子，現在莫斯科考察），替我用白話寫過……關於蘇聯的視察記，大部分已做好……也叫寶權接……你知道他是……很好的……還有關於世界報業考察記，都已有，可惜還未寫出來……現在只好隨他去。……」〔一〕

對於這份囑託，戈寶權表示：

〔一〕韜奮基金會、上海韜奮紀念館編：《韜奮全集增補本》六，上海人民出版社二〇一五年，第二八七頁。

多年來，由於種種原因，我也無法實現他的遺願。首先當他逝世時，我正在蘇聯任《大公報》的駐蘇記者；及至一九三七年「七七」抗戰爆發，我從蘇聯返回後，即在漢口和重慶的《新華日報》工作，我的叔父生前搜集的書籍和資料，當上海成爲「孤島」時，都寄存在徐家匯的天主教堂，我直到五十年代後期才初次見到這些遺物。其次，建國以後，由於工作關係我經常來往於國内外各地，不可能來鑽研他的遺著和遺物。三來，他遺留下來的資料很多都是斷簡殘篇，片言隻語，不易編整成文。……〔一〕

如今，這部湮没了八十六年的新聞史遺著重現世人眼前，由書稿的保藏單位——上海圖書館和今天商務印書館的工作人員攜手接力，完成戈公振與戈寶權叔侄兩代人未竟的遺願，彌補當年書稿毁失無法付梓的缺憾。這是圖書館文獻工作者的責任與使命，也是商務印書館出版精神的百年傳承。

當年，一位日軍司令曾説：「燒毁閘北幾條街，一年半年就可以恢復。只有把商務印書館這個中國最重要的文化機構焚毁了，它則永遠不能恢復。」今天，這部「炸不毁」的書稿浴火重生，珍貴的史

〔一〕戈寶權：《談戈公振和他的〈中國報學史〉——寫在〈中國報學史〉重印本的卷首》，載戈公振著《中國報學史》，中國新聞出版社一九八五年，第一至十頁。

料展現於世人面前，作爲整理者和一名圖書館員，我既激動又自豪。是的，人類文明的成果是無法徹底消滅的，一代報人走南闖北歷經艱險付出的汗水和心血是無法泯滅的，從中更可感知手稿文獻的歷史價值和出版事業的歷史意義。能參與本書的整理出版，我深感有幸，同時在目睹先賢手澤時，亦由衷地敬佩戈公振先生對中國新聞事業的貢獻。從一九二七年《中國報學史》的出版到二〇一七年《世界報業考察記》的正式問世，商務人續寫一代報人跨越九十年的文字因緣，實爲中國出版史值得銘記的一段歷史和一篇佳話。

向戈公振先生及戈氏家人致敬，向張元濟先生和商務印書館爲中國文化繼承和發揚所做出的貢獻致敬。

二〇一七年七月二十四日

于上海圖書館中國文化名人手稿館

自序

居國外二載，就見聞所及，蒐材綦富。歸後即擬分別寫而爲書，乃牽於俗冗，整理未遑。今將途中已編成之《世界報業考察記》一部分，先付手民，以供我國報界之參考與勉勵；使其深信一事之成功必在長期奮鬥以後，且非純粹營利性質，而爲對於公衆之一種貢獻。明乎此，則斯作庶非徒災棗梨。

Times 譯意爲時，而舊譯多作泰晤士。Northcliffe 譯音爲那斯克立夫，而舊譯多作北岩。爲求通俗，今仍之。又英美用金鎊或金元，今與國幣兑换率比，消長甚巨，遂未加化合，幸讀者見諒。

中華民國二十年二月十日戈公振識於申報之尊聞閣

一　倫敦泰晤士報參觀記

世之言報紙者，必稱《泰晤士》（*The Times*）。抑若其文字勢力，充塞宇宙間。褒則榮於華衮，貶則嚴於斧鉞。舉足爲報紙典型，不徒有悠久之歷史而已。

一九二七年三月，國際聯盟行政會，在日内瓦開會。予由巴黎往觀。時國民革命軍崛起南方，占湘贛，奪漢潯英租界，聲勢赫然，舉世震驚。英人尤甚，急遣大軍至滬，且駐屯至租界以外。予憤其違反國際公法，訪英外相張伯倫爵士（Sir Austen Chamberlain）提出抗議。適泰晤士外交主筆韋廉博士（Dr. Harold Williams），因關心中英交涉，亦與爵士偕來，同寓于湖濱旅社。博士以熟諳東方問題著聞。因夏奇峰氏之紹介，與談中英糾紛癥結所在。博士以爲聞所未聞，請續談一日，並約互相爲文，載于彼此報上。冀中英人士，早得相當了解。

斯歲十月，予以列席國際報界專家會議事竣，便道游英倫。舍館既定，即致書韋廉博士，道願參觀泰晤士意，旋得復函，謂極歡迎兄弟報（指《時報》）主編者之光臨。

泰晤士館屋在維多利亞街（Queen Victoria Street），居浮街（Fleet Street）之東端。浮街爲報館集中區域，其地位在倫敦等于上海之望平街。十二月廿四日，予與鄭鳴球博士如約前往。鄭氏係留英學生會會長，亦願藉此機會會參觀者。至則先在客室中少候，即由韋廉博士邀至其個人辦事室中小憩。室不甚大，彼與其助手各據一桌，另有大桌一，係備展閱書報者。臨窗有橱一，儲關于東方書籍頗富，並有剪報若干盒。後觀各主筆室，均如此布置。博士寒暄後，談及中國時局，喟然謂不圖變幻如斯之速。信爲「東方之謎」，蓋斯時寧漢分裂，正大誅共産黨也。次詳述該館組織，計分五部，即（一）編輯部；（二）經理部；（三）廣告部；（四）印刷部；（五）出版部。雇用職工全體凡千五百人。

編輯部以主筆爲領袖，而輔之以内政、外交、財政、體育、法律、議會諸主筆。每日午後，例有會議。由主筆及各專家討論明日之報應有若干頁，應以若干地位給與某問題，及交换對于某某問題之意見，而製成社論。其最重要之任務，爲期各同事間能密切合作。

副主筆室（Sub-editor's Room）爲此部重要機關，一切新聞均由此去取而增損之。蓋新聞來源不一，有電報，有書函，有投自本埠，有寄至海外。又或有手寫者，有打字者，有照相者，有印刷者。又有標點訛誤者，有文字欠雅馴者，有字極漶漫者，有紙極脆薄者。甚或有事太離奇及例違法律者，均非加以耙梳及引申，而使成一標准形式不可。其功用若磨然。遺粗留精，咀嚼而融化之，然後定標題，由打字機打成。每行字數與一欄所容者適相等。乃付諸手民，如是不特原稿清晰易排而已，且一覽而知其所占地位之多寡。

新聞經過校對而成清樣，即陸續逐條分送所屬主筆，作最後之訂正，然後組成大版，以備印刷。設事後又有稿遞到，則由夜班主筆（Night Editor）權其輕重，有必要時，得抽出較次新聞以排入之，名曰改版。

語云「新聞貴新鮮。有如蔬菜魚肉之不可陳腐。而儲蓄禦冬之計，亦不可不爲之備」。此觀於泰晤士之參考室，而益易領會其義意者。此室儲外間不易覓得之文件與書報，如公文、密約、軍用地圖及可爲法令之印刷物之類，以備編輯部隨時取用。其尤寶貴者，則藏以玻橱，蒙以鐵網，防範甚周，故非館中重要職員例禁擅入。占此室地位之半，有二巨櫃，分立左右者，則爲剪報。一以事爲綱，一以人爲綱，每一剪報注明時期及報紙名稱，各自獨立。夾以厚紙，裝以紙匣，以**ABC**爲順序，檢查至便。博士爲使余明瞭起見，請余任取一盒開視。予乃取蔣介石一盒，則凡關于蔣之家庭、出身、言行及世人對于彼之評論，幾已巨細靡遺，使予驚歎無已。至于故人如孫中山、威爾遜等，則盒之紙色不同，另儲一隅，亦具見管理匠心。吾人讀《泰晤士》每遇重要事變，嘗見其新聞中附有地圖。此種地圖，非必每次新繪，乃印有樣册，隨時可于此室覓得者。若夫普通書籍，則藏于俱樂部，不僅資館員檢查而已，且供公衆閱覽，其規模之宏大，更可想見。

與編輯部爲鄰者，則爲電信室與採訪室。電信室中，排列收電機多架，不勞信差走送。而電自能經過電信局而傳至館中。又有一種交換式收電機，若打字機然，可自動收電。而一次打成原稿五六份，省時節貴，莫妙于此。至體育主筆，尚另有專用收電機，蓋歐人正當消遣，皆寄託于運動也。採訪室則工作人員甚多，有專任國會消息者，有專任皇宫消息者，有專任法庭消息者，有專任社交及游藝消息者。外埠則英倫三島每一城市必有訪員一人或二人，國外則巴黎有分館及直屬通訊員六人。外此世界各大城，幾無不有其訪員足迹，且皆爲優秀之士。

訪員之任用，大率經過考試。最初在館中服務，以後則因其才能逐漸遣至遠方。博士謂泰晤士之訪員，均妙選富有學識經驗與聲望之士。每能不避艱險，務得一事真相。故彼等行踪所至，常爲當地政府所注意，而發生出人意料之事，如最近駐華訪員李賴氏（Basil Riley）旅行鄭州，忽告失踪。據官方偵查結果，斷其已被謀殺，即其一證。予謂：對于李氏厄運，誠有同感，但彼不應未得中國政府允許，擅入軍事區域。博士答：此亦不獨在中國爲然，如在一九〇三年之蘇俄、一九二六年之土耳其等，本報訪員均被驅逐出境。又如在印度有被槍擊者，在湯吉爾有被匪綁者，在立司本有被監禁者，此種情形爲時局混亂時所難免。又謂：通信員傳來之消息，未必完全揭載。蓋有若干消息，常能從他方面證明其不確。或事誠有之，而足以妨害兩國交誼及國際和平者，亦在删削之列。不過館中並不以此爲虛糜電費，且鼓勵通信員繼續報告。因著社論時引爲參考資料則必有更深切之觀察。

通信員之寄遞新聞照片及其他材料，其法不一。有以犂牛駝載者，有雇急足走送者，有用汽車飛機運輸者，有由水綫陸綫傳報者。倫敦與歐洲大陸間，則利用自動電話，每晚可收受八萬至十萬字。又有所謂加緊急電者，正午發一問至遠東通信員，午茶時即可得復。故自犂牛以至無綫電，今雖同時並用，但科學上之進化，在新聞史上已不知造成幾許奇異事迹。

泰晤士不以報告新聞謂已盡其職務。對于公衆意見，亦極尊重。故每日所得致主筆之投函，常在二百通以上。但選擇綦嚴，其能全部發表者，平均不過十通至十二通，餘則發表一部分，然亦不逾此數。

此時頻有人訪博士，予以談話爲時過久，乃握手言辭，約期再來聆教。

一九二八年三月二日，予與鄭鳴球博士再往泰晤士報館參觀，蓋事前曾得其經理施密氏（**W. Smith**）函，謂遵韋廉博士囑，特寄上參觀證，但來時可不必拘定所書時日。

至則示門者以證，即有一館員出而招待。先參觀廣告部，導者謂此部臨街近大門，係爲便于顧客出入。又此部人員不啻專備顧客諮詢，代爲策畫其廣告必如何登載，而後可以省費有效，及不違反法律或侵犯個人或團體之利益。泰晤士之廣告收入，以小廣告爲大宗，而取費則以地位性質爲别，最低爲車夫找尋職業，每行六字二先令，至少二行，以後每行一先令。最高爲私人消息，登于有宫門鈔一頁者，每行六字六十三先令，至少五行，以後十二先令六便士。兩相比較，後者超過前者三十餘倍。由此可知，凡屬奢侈一類之廣告，取價宜昂。屬于生計者，不妨從輕。

次由編輯部穿過有名之印刷局方場（**Painting House Square**）而至印刷部，導者謂編輯部之日間工作者居二樓，夜間工作者在樓下。取其與排字室接近，不使有一分一秒之浪費。兩方面裝有空氣壓榨筒，傳遞稿件，尤爲便捷。印刷部中人平均每夜須工作九小時。在此時間内，幾無一息之停。因遍歷排字、鑄字、鐃版、印刷諸室，覺其布置與我國報館無大差異。所不同者，即吾人排字以手，彼等用 **Intertype**、**Linotype** 及 **Monotype** 機械耳。

排字室有一領袖，專司分配稿件，彼在收發之頃，必先在一格紙上作一記號，此格紙係表明報之欄數與行數者，每收到一稿件，即將其所占地位在格紙上劃去，故稿件已有若干或尚缺若干，可立報告于編輯部。

校對室與排字室爲鄰，桌作一長條，每一小樣上端餘紙，排有第幾頁第幾欄字樣，下端餘紙，則由校對員簽名，其手續有條不紊。

導者爲表示其工作迅速，草一予等參觀該館之新聞。交一排字者，頃刻已鑄成鉛字印出小樣矣。當時鄭君語予，英文字母只廿六枚，故十餘人即可排數十頁之報紙，中國文字誠有改良必要。

泰晤士在印刷上頗有貢獻。至現所用者，普通之美國賀氏（R. Hoe）印機耳。機共三架，每架一小時可印二萬六千份。通例下午十一時半，先印外埠版，由十二時半之夜車運出。故次晨在北方之愛丁堡、格拉斯哥等地，亦得同時讀《泰晤士》。自上午一時半起，續印倫敦版。有重要消息後至，有時尚須加入，直至四時半爲止。故在倫敦與在外埠所讀之報紙，内容常略有增損。

在以上諸室内，到處見有漆板一方，左書頁數，右書時間。故一工作已否告竣，閲漆版即知。此不僅備稽查，且含有警告意，使群守法定時間，亦爲一種重要設置。

倫敦報紙，競争頗烈，各有其巧妙宣傳方法。泰晤士除自攝一影片，四出演映外，每日必有招貼，遍布于通衢，將最重要新聞以誘惑之短語介紹之，使行人注目。蓋歐人習慣，僅直接定閲與其主張相同之報紙，其他則臨時購買，故招貼爲不可少。

泰晤士所用之紙，係帝國造紙公司所供給，蓋該報亦其大股東也。紙之消耗，在報館爲大宗。爲防壟斷及供給斷絶計，非自設紙廠即與紙廠有特約，此在歐洲幾爲當然之事。普通所用之紙，日久即發黄而易脆裂，故泰晤士每日必印佳紙者若干，名曰高貴版「Royal Edition」，其第一二份則呈英皇，餘則送英國博物館及世界大圖書館收藏，備作歷史參考之用。據云，可保存五百年。

泰晤士用紙皆大幅，每日常在廿四頁以上，重要新聞、目録、索引、社論及特別通信，均排于中央一頁，故翻閲極便。其内容以性質言，可分爲論説、詩歌、圖畫、通信四類。以編制言，屬于法律及軍事者，在第四頁；屬于體育者，在第五頁；屬于國會者，在第六頁；屬于拍賣及地產者，在第七頁；屬于無綫電者，在第八頁；屬于英倫三島者，在第九頁；屬于音樂者，在第十頁；屬于帝國及外國者，在第十一頁；屬于政治者，在第十二頁；屬于教育者，在第十四頁；屬于游藝者，在第十五頁；屬于美術教務及遺囑者，在第十七頁；屬于財政者，在第十六頁至廿一頁；屬于航務者，在第廿二頁。其廣告則依其性質排于相類之新聞下，或其左右。亦有一索引，且有所謂「廣告新聞」者，乃帶營業色彩之記載也。

董事長室與會議室不常開。予等亦曾入内參觀，見四壁滿懸畫像，皆有功于該報者。又參觀消費合作社，其設備若小咖啡館，煙酒茶點，無一不備。其資本完全出自工人，房屋則由館供給。導者謂此種設備，不但爲工人節省金錢，亦爲報館節省時間，於雙方均有利益。

泰晤士亦與世界大報紙攜手，聯合採訪新聞，如裴爾德（**Richard Burd**[一]）南極探險之消息即與紐約泰晤士同用。大阪朝日新聞，派飛機將日皇加冕照片付西北利亞火車寄英之類皆是。故朝日新聞有事務所在泰晤士屋內，紐約泰晤士之事務所，則與泰晤爲鄰。凡泰晤士所有一切稿件，彼等均可姿（恣）意取用，因彼此無競争關係，在人材經濟上，兩可節省，殊有合作之可能。

泰晤士在倫敦城内設有分事務所二，在近郊有代派所數十，皆接收廣告及訂閱報紙。其在鋭金街（**Regent Street**）之分事務所，又稱社會服務部（**Social Bureau**），專備讀者有所諮詢。如今日大風雨，英法間飛機開行否，或明日倫敦市長就任之行列何時可以到達公署，彼等均詳爲答復。因報館爲各種消息所薈萃，知之獨早也。

出版部在大門之右，若一獨立機關。因泰晤士除日報外，又發行《泰晤士週刊》（内容爲日報中之社論與新聞，加以圖解，備寄往海外）、《文學週刊》《教育週刊》《商業及工程週刊》《法律週刊》《商務三日刊》及《索引季刊》等。此外出版之書籍亦不少，如歐戰文牘、戰史及戰時百科全書，瀛寰圖志等，均極有價值。又每遇重要紀念則發行增刊，如一年大事述評、埃及介紹、倫敦市之今昔，及財政、商務、汽車、衛生各種年報之類，皆不另取費。凡照片之見于《泰晤士》者，讀者亦可指名加印，其價較普通報館爲昂，是皆該報事業之一部分。

泰晤士不僅用其偉大之勢力于灌輸知識，更相機用以别營善舉。其最近常引以自豪者，如爲紅十字募金，其數殆

[一] 應爲 Richard Byrd。（本書脚註均爲整理者所加，後不一一説明）

逾十六兆鎊，用于大戰時同盟軍傷兵之救濟，及捐集四十五萬鎊用于惠斯敏寺（Westminster Abbey）及聖保羅教堂（St. Paul Cathedral），使此等古代建築永免于傾圮之憂。

泰晤士現董事長爲艾士東少佐（Major J. J. Aston），主筆爲唐森氏（S. Dawson）。導者談及艾氏曾環游世界一週，唐氏曾旅行三萬五千英里，即經理亦曾旅行三萬英里。意謂一館之領袖人物，必須見多識廣，非惟熟諳館内事務而已。以《泰晤士》之銷數言，則不迨《每日郵報》（*Daily Mail*）遠甚。以物質上之設備言，與德美大報較，亦殊有遜色。然以立論謹嚴，取材維精，讀者非智識階級即外交界。故在國内及國際間，不失其領袖報紙之地位。此固由近世紀來，英國國運昌隆，有一言而左右世界政局之觀。但苟讀關于泰晤士之記述，則自創始以迄今兹繼續不斷之努力，豈容忽視？爰不憚覼縷，再從歷史上加以介紹，俾世之治報學者，知所考鏡焉。

（一）報館及其地址

泰晤士報館在黑僧（Blackfriars）之印刷局方場及劇場區（Playhouse-yard）。凡此地名，均有其歷史之意義。黑僧之得名，因其地本爲黑袍僧派（Dominican）之教寺。寺建於十三世紀之末葉，在泰晤士河畔，規模閎壯，且富史迹。十四世紀之初，愛德華第二（Edward Ⅱ）臨幸，召集議會。一五一一年，查利士第五（Charles Ⅴ）駐蹕于此。一五二三年，亨利第八（Henry Ⅷ）復于此召集有名之黑議會（Black parliament）。後此十五年，寺遭解散，寺僧乃離此廣廈，舍其巨產而他徙。一八五五年，改建泰晤士印刷所時，曾發見寺中教堂遺迹，迨寺宇既分租及割讓作種種之用。紺宇梵宫，乃一變而爲商肆住宅，形成熱鬧繁華之小都市。於此置產者，有莎士比亞氏（William Shakespeare）焉。其地當伊利沙伯女王（Queen Elizabeth）之朝，曾先後有兩著名之蓋有屋頂之劇場，所謂新式之黑僧劇場（Blackfriars Playhouse）是也。其成立較晚者，莎氏劇團（Shakespeare's Company of Players）主之。伊利沙伯女皇曾臨幸其地。皇家教堂之歌童於此奏曲獻藝。莎氏後雖不復自獻身手，然所參加之劇團，猶于此貢獻其傑作。而伊利沙伯時代之戲劇大家，如瓊森（Ben Jonson）、馬斯登（Marston）、弗賴丘（Fletcher）、馬辛格（Massinger）之作品，曾于此扮演。今于印刷所方場之西壁，立碑爲此兩劇場紀念。印刷所方場之北，則名以劇場區，即泰晤士印刷所所在地也。

一六六六年，其地遭倫敦大火（The Great Fire of London）之劫。後一年，於此建王家印刷局（The King's Printing House），因有今名。在此新印刷局中，皇家印務員裴爾氏（John Bill）出版《倫敦公報》（*London Gazette*），此爲當時惟一之報紙者凡十二年。繼之者爲巴斯凱特氏（John Baskett），曾名之醋聖經印刷人也。聖經之以醋名，蓋因第二十二章路加福音之首行，有萄（葡）萄園之設喻The Parable of Vineyard一語，誤認爲The Parable of Vinegar。此哄傳一時之巴氏魯魚亥豕集，乃一優美之雛形印刷品，于一七一六年至一七一七年分兩卷發行。一七三七年印刷局燬于火。後此不久，改建泰晤士報館工程中，發見半已被燬之巴氏所印公禱文頗多。一七七〇年，印刷局他遷，廛遂曠廢不用者垂十四年。迨一七八四年，乃歸于華爾透第一（John Halter Ⅰ），自此其地遂與此氏族發生永久之關係。華氏即泰晤士之創辦人也。此後頻加擴充改造，一八七四年及一九二〇年之工程尤著。今已據有全區及若干鄰近之建築。現在泰晤士報館之建築，係以緣有黑色圖案之紅磚（磚均以掘自華氏所有 Bearwood 地面之泥製之）及 Carmich 之花崗石構成。主筆及經理室位於南向之上層，可俯視維多利亞街之景。廣告部則位於下層。印刷部位於方場之西北兩面，發行部則以戲劇區爲其入口。在車道之北，有宅踞其西。自一七八四年以迄前茲未久，本爲華氏私宅，今亦供報館辦公及其他有關係之作用矣。

（二）泰晤士與印刷

華爾透第一（一七三八，九—一八一二）初爲倫敦煤商，繼業海上保險。美法之戰，盡喪其資。一七二八年〔一〕之頃，遂致破產。約在此時，氏與名龔生（Henry Johnson）者稔。龔氏曾有成語活字印刷術之發明，獲有專利權。所謂成語活字印刷者，蓋合字模于一盤，以代替各個分列字母之法也。華氏購得其專利權，加以改良，創立印刷所于 **Printing House-Square**。始僅承印書籍，而用此以印書籍，結果未佳。此項印刷，曾進呈喬治第三（George Ⅲ）御覽，顧未乞得其維護。華氏以爲此因美使富蘭克林（Benjamin Franklin）列名贊助之故。爲擴充營業計，因思發行報紙，

〔一〕或爲一七八二年之誤。

似可藉以招徠雜件之印刷，遂于一七八五年元旦創刊小報，名以 *Daily Universal Register*（譯意環球日録），簡稱 *The Register*，定價每期二辨士〔一〕半，努力進行。至九百三十九期後，價增爲三辨士。斯時其粗體之表題 **Royal Arms**（譯意皇家武器）兩字，不排于上方，而置於下。高處以羅馬字模排「**The Times**」兩字，以此名報，時一七八八年元旦，乃星期二也。

泰晤士之報史與其印刷之歷史，關係至爲密切。華氏于其一七八八年三月二十五日所發行之報中，力言消息之當正確與迅速。而消息之正確與迅速，固顯然大有賴于用機器以印刷之設備也。成語活字印刷術雖旋即廢棄，但華氏之廣覽雜件印刷，實命定其爲印刷界之前驅，亦猶其爲新聞事業之先進矣。子華爾透第二（一七七六—一八四七）克紹其裘，學于牛津。于一七九七年及一七九八年間入泰晤士報館。一八〇三年任經理之職。次年不顧館中印工之反對，于工人馬丁（**Thomas Martyn**）之發明活動印機加以鼓勵。一八一〇年，身當印工激烈罷工之衝，顧不爲屈服，於某星期六之晨，揭貼通告。不數小時，招得來自六處分部之少數學徒，及一部渴欲受雇不問條件之下級工人。彼決意于「人能盡力無不可成」之條件，樹一足資紀念之範則，躬自操作于鉛字盤印刷機之間，不稍輟者三十六小時。星期一之晨，彼罷工者方欣然集合以慶華氏之被制，驀睹出自此發行者手之報紙，整齊合式，一如常時，不禁驚訝失望，莫可言宣。如

〔一〕即便士，下文同。

是此報紙繼續出版，不賴其前時各工人之助者，凡五閱月。後此二十三年，又有一軼事可述。時華氏已爲布凱州〔一〕之國會議員。一日法國有要聞至，時爲上午十時。館中方空無人在。氏將文件譯就，親入排字間，卸去外衣，排印稿件。迨下午一時，此泰晤士號外乃發見于倫敦市中矣。

一八一四年十一月二十九日，泰晤士對讀者有如下之宣言：「今日之本報，謹以自有印刷術以來，關于其改進方面最大之實際結果，供獻于公衆。讀者現手之一編，爲同時印成之數千紙泰晤士報之一，於昨夜印自機器者。」

此其所謂機器，不過一初次用蒸汽轉動之印軸，爲今之賀氏及高斯（Goss）機之胚胎，由一工作於倫敦之薩克遜人柯立格氏（Koenig）所發明。此機器及使用之者，均秘密介紹入泰晤士報館。緣館中印工曾恫嚇將不利于柯氏及其製作也。於是應用成功之晨，華氏乃入印刷間，告彼頑梗者以本報今已用蒸汽印刷。

至所誇示之同時印成數千紙語，實則當時之《泰晤士》雖僅四面之小張，然每小時柯氏機亦僅能出一千至一千一百張，但此機之採用，爲以《泰晤士》爲先驅之悠遠之報紙發達史之初期耳。華氏以印刷及機器兩部之責任，付諸長于發明之阿勃賴介（Aplegath）〔二〕及卡勃（Cowper）二氏。第一次之阿氏機，每小時能印四千至五千張，于一八二七年裝置應用。一八二九年一月二十九日，報始從廿四欄四面之紙，擴充爲四十八欄八面雙疊之紙。一八四八年，阿氏始製

〔一〕今譯伯克郡。

〔二〕即 Augustus Applegath（1788—1871）。

迴旋機，此于每小時中可印至萬張。一八五七年，始輔以初見之賀氏機一架，兩者均繼續用至一八六三年，方代以開印刷新紀元之華爾透（Walter）印機。華氏印機之特點有二，其一以具有全頁之弧形鉛板，代附于印軸僅有一欄之移動模型，其二以長達數哩之紙卷，代須經兩次手續以手逐一放入迴旋機之紙張。此機經華爾透第三（Walter Ⅲ）經理麥唐納（John C. Macdonald）及總工師闞務來（Calverley）二氏之逐漸改良，蓋完全發明及製造自館中者。一八七二年，此機之一輸入美國，由一泰晤士報館中之工程師於五日中裝置之。華氏印機在館中繼續應用，每小時印至二萬四千張。迨現今應用最廣之八重印機出，始取而代之焉。在館中所完成之 Kastenlein 排字機及其附件，後此以一泰晤士舊職員所發明之韋開氏（Wick）迴轉鑄字機補充之。今則又以自動鑄字機及組合鑄字機代之矣。

（三）泰晤士與新聞業

世界最良之印機，初不能自出良好之報紙。泰晤士縱有良好之機器，使無價值足稱之材料供給之，則此新聞紙之史實，於今或已成陳迹。故其真實之沿革，仍當求之于其內容之記載。諸如政治、商業、工藝、文學、美術、社會、生活、公私綱紀之申述，以及新聞紙價值所在之正確新聞。今試就其一百三十年史實中人物事迹之尤著者，作簡短之記述。

一七八八年三月二十五日，泰晤士有如左之宣言，不啻創辦人自述之新聞政策：

對于政治商業各界，以及時下社會所發生之事件，作忠實之記述，此爲新聞紙必然之職守。今能注意及此者有幾。此可就我日報界之現狀證之。不事宣傳，無所偏私及啓牖人心之消息及正當之娛樂，純以子虛烏有之事充其篇幅，對于不孚公意之人事，濫進諛辭。尤可訾者，絶不根據事實，犧牲無辜者之私人名譽。或于彼引得公衆之同情者之職業身份，恣意中傷。報紙之發行，當關心于惡俗之糾正。此爲本報營業者之信條。發行以來，曾求公正之贊助，幸不爲社會所棄，顯將得更大之擁護。今本報得國内第一流學者擔任通信，愈臻進步。各部咸慶得人，使本報願反復述及此諸人之姓氏者，敢言本報推行之廣，當益爲並世諸刊物所莫及也。

議會辯論之記録，當力求正確持平，切實滿足公衆好知之心。本報訪員人格高潔，自不能顛倒是非，以供政黨之利用，或甘作政府之傀儡。

至若國内外之政聞，則如本報之調度，無虞不能供給讀者以最可信託及迅速之消息。

商業爲國家繁榮之根源。本報出版之初期，於此即有卓越之成績。因最近之努力，此後當益能供給充分之消息。

時代之風尚，凡確有迹象可尋者，本報向採有力之描寫。凡上流社會發生之事實，不問其爲流行之綺習，或過時之道德，當一如其本相記述之。

關于政治舞臺之人物及各個冀得輿情傾向者之報告，當本向日之態度，不以怨毒有所偏頗，不因好惡無常而爲所左右。前者認爲出於狹量之反動，後者則深應懲斥也。

猥言隱語，本報不容一字攔（闌）入。瀆人聰明及辱及無辜之言詞，並所嚴拒。

本報敢求公衆之維護，私信本此態度，蓋以群彥之贊助，所企求之報償，當能充分獲得。」

其初晨報之與泰晤士競争者僅三：*The Morning Chronicle*，*The Morning Post*，*The Morning Herald* 是也。迨 *The Daily News* 成立，此業始見擴大。泰晤士非在創始時即告成功，其時新聞事業，迄受紙稅印花稅之阻礙。泰晤士今日之繁榮，實由其獨立之精神，華爾透第一之經營其報紙也。其特立獨行之表見，蓋非一遭。一七八九年，因蒙譏刺王子之嫌，被判罰鍰五十鎊，監禁于 Newgate 一年，枷示一小時，並具七年之自新甘結。華氏于禁錮中，對諸王子，續爲諷言，于是判納更重之罰金，並增禁錮期限一年。一八〇五年，因報中（時由其子華爾透第二主持）攻擊梅韋爾□爵士（Lord Melville）之海軍行政，結果印刷品之郵稅優待遂遭剥奪。梅氏雖經鞠訊，旋即開釋，惟不復任職。但匹特（Pitt）政府對泰晤士猶有未甘，政府所登廣告，既遭撤消。國外快訊，亦在海口被阻，因政府專員在格拉夫舍（Gravesend）没收外國船員賫于泰晤士之信件也。

事有更增懊惱者，先是泰晤士第一次派遣魯炳森氏（Henry Crabb Robinson）爲戰地通信員，先至德，繼至巴爾幹半島（Peninsula），企盼其戰訊報告頗殷。但華爾透第二卒戰勝政府，彼組織其獨有之流通信訊方法，用輕舟往來英法間，自各地漁人之手獲得法報。又雇用運私之船，輸送包裹，用此方法，報中刊布之國外新聞，轉早于政府接得官報數日。此舉有兩重意義，一以見泰晤士强毅之獨立精神，決心以任何代價獲得事實真相，同時表示其竭力企圖打破政府壟斷海外消息之權。事之類此者，在華爾透第二主持泰晤士之長時期中，至少尚有一事足述。法國當居若特（Guizot）内閣時代，曾向泰晤士有所提議，但被拒絕，因謀阻撓其東方通信。其時英人適多矚目于此也。華氏乃縝密繪出一絶不接觸法境之路綫，遣人至蘇彝士守候來自印度之郵件。由是使者乘駱駝約行二百哩至亞歷山大，以郵件載于航行近屈锐斯特（Trieste）海口之澳船。自此更取道屋斯潭（Ostend）至斷浮（Dover）乃由守候于此之專車運至倫敦焉。華氏復不以其首先聘用所謂特别通信員爲備足，規劃種種方法，以期消息之無或遲誤。如其寓處有備急用之訪員、手民與印工居其四周，手鈴一震，聞聲畢集，以聽指使。其與他報之角勝，不減于新時代報紙競争之激烈也。

華爾透終生主持泰晤士，卒使不僅成爲一地之權威。一八〇三年初任職時，《泰晤士》與其競争之三晨報銷數之少，大約相埒。一八一五年，《泰晤士》銷至五千份。一八三七年維多利亞女皇臨朝時，達一萬份。視其他三報銷行之總數，少一萬五千份。一八四一年增至二萬份，已多於三報銷行之總數。一八四七年，華氏作古，時銷數爲二萬九千份，而其他三報，則總數僅爲一萬二千一百份。此銷數之增加，未受價格增加之影響，蓋一七九六年之報價爲四辨士半，一七九七年增至六辨士，一八〇九年爲六辨士半，一八一五年則爲七辨士，一八三七年減爲五辨士。其後來之減價，蓋有其新原因，但流行之廣，僅足窺見泰晤士威權之一斑。華爾透第二之目的，在不倚賴政府，不倚賴黨派，甚至不倚賴投稿者及廣告。當其生時，因泰晤士爲不黨之組織，獲得盛譽，靠左中心團（Left Centre）一語，曾借以描寫其地位，但終未降服於任何一派。攻擊奴隸貿易，擁護改革詔敕，又於其所載佐治·梅里的斯（G. Meredith）之「十字路口之女神」一説部中，渲染以浪漫之色彩（雖著者否認此故事爲事實），卒以啓穀律（Corn Law）之慚。僅須參考其對于國事穩健之態度，便可知其非急進之機關。其努力之一部分由於無人能預言其將作何語，唯知其必有所忠告善道及精確而已。因之政治領袖及兩黨咸欲引爲後盾。試翻編次之泰晤士陳報，其中顯有不少要聞，爲彼當局者所供給，蓋欲利用此感動輿情之利器也。泰晤士言論之力量因華爾透第二厲行秘密之制而大增。彼既首創特約通信，又實行社論，此爲以前未有之特色。社論係以發揮泰晤士之意見，而不具以某某之姓名。

華爾透第二始終實行此匿名之規章，今之泰晤士，雖以稍適法度，顧猶匿名如故。華氏以不少秘密社會之特徵，及幾許閣議之性質，應用于所創造之組織，秘密爲其主要之原素，團結及自抑爲其不敗之條件。使投稿者有時適爲私交，但在報館中仍期勿相認識。至少有一投稿者，除華氏個人外，未以姓氏或面目爲主筆者所知。而皮爾爵士（**Sir Robert Peel**）曾以泰晤士維護政府之故，致書記者道謝，亦謂今致書于彼所未稔之人云云。此時之主筆則鮑萊斯氏（**Thomas Barnes**）也。約在一八一〇年，華爾透第二仍綜攬館務，一部分編輯之責則已授諸施圖大氏（**John Studart**），其人後曾錫武士之爵，任瑪爾泰審判長，富于保守觀念，任職五年而乞退。鮑氏于一八一七年繼其任，至終其生（一八四一）。

其人爲一學者，而富才能。當其任編輯時間，有一至感興味之事發生，即暴露發源巴黎之國際僞造犯之詭異之組織是也。時爲一八四〇年，偵察此案之費用逾五千鎊。在當時關係于泰晤士之預算，固爲巨數矣。倫敦市民感激之餘，立即醵資如此數。但華氏不受，乃用作基督醫院及倫敦城兩名校之泰晤士獎學金。其事今仍志於印刷方場之入口處。鮑氏任職之末年，由本爲巴黎通信員之施透林輔之，氏爲約翰·施透林（J. Sterling）之父，加來爾（Carlyle）曾爲之作傳。傳中所稱「旋風大將（Captain Whirlwind）」即指其人。泰晤士之一度以「雷神（The Thunderer）」著稱，或即由其筆鋒犀利之論說致之。

一八四一年繼鮑氏任編輯之職者，爲戴蘭氏（John Thadeus Delane），乃一二十九歲之青年，於畢業牛津大學後，曾在館中服務數月。父爲愛爾蘭望族，時任館中經理也。華爾透第二斯時顯未因年高而失其勇氣。因交通方法之進步，教育事業之擴充，民治精神之發揚，報紙之勢力愈增。戴氏以毛羽未豐之青年，進而主持此世界最有勢力之報紙，竟能克顯其確能勝此重任，享此榮譽。其人美豐儀，諳世故，擅交際，喜聞歌吟曲，與要人游，名馬珍饈及畋獵之樂，均所愛好。方其十九歲時，即發表入世之金箴曰：「事可委諸人者，勿以自任。」彼蓋有其選拔與指揮之天才也。初任筆政之十年中，除提議穀律之宣言外，初無顯著之事迹，迨逮一八五〇一一八六〇之時艱，時已有完善之印機資其印用。爲之翊贊者，有華爾透第三（於一八四三年繼任父職），名經理馬立司（Mowbray Marris）及麥唐納（John Macdonald）諸氏。戴氏識其時機已至，克里米（Crimean）之役，遣羅素博士（Dr. William Howard Russell）往任通信，其人爲政府所疾視，而爲輿論所稱頌。當印度士兵暴動，美國政争及普澳（奥）、普法兩役，先後任戰地通信，此魯氏之繼任者，所至均克顯其戰事通訊之長方，而其在克里米之工作，尤能確樹其聲譽。彼不僅于戰事之描寫爲前所未有，克里米冬令之嚴寒，被蔑視軍隊之遭遇及其忍受之英勇，繪聲繪影，更用其細密之知識及不摇之勇氣，批評戰地之英軍司令及國内之行政。凡所論及，富有刺激性，效力乃彌濃厚。戴氏本喜作汗漫游——一八五六年美國總統選舉，氏曾往觀光——至是乃親往戰地募金，以濟傷兵。此舉爲一八五六年—一九一九紅十字募金之先驅。因泰晤士言論之影響，樂亭格爾氏（**Florence Nightingale**）乃出發至司克太里（**Scutari**）。政府卒亦覺悟其蔑視出征軍隊之罪惡。

一年後，人咸覺泰晤士時方堅持其一種主張，此於其地位影響，頗非淺尠，即印花税之廢除是也。當時泰晤士之財力，納税本綽有餘裕，但仍認徵税於新聞紙，乃對知識、教育、真理、公意、善良之風俗、善良之政治徵税，必須立予廢止。結果印花税遂以取消，而報價亦於一八五五年由五辨士降至四辨士。一八六一年報税之撤消，更減至三辨士。於是此不列顛民意代表機關及國内外新聞之有力媒介物所享有無異專利之權，遂爾打破。不數年間，國内各項税律之廢止，引起不少廉價之競争者。但銷行之數，仍續續增加（一八六四年達六六〇〇〇份）。因戴氏退休，繼之主筆政者爲成來理氏（**Thomas Chenery**），牛津之阿拉伯文教授也。任期中因巴黎訪員步禄韋兹氏（**De Blowits**）〔一〕之新聞供給而名大著。步氏于一八七三年繼阿立芬氏（**Laurence Oliphant**）之任。自其潛得諸法外長戴克石氏（**Duc Decazes**）之

〔一〕指 Henri Georges Stephane Adolphe Opper de Blowitz（28 December 1825—18 January 1903）。

消息洩露，德法間之戰争，因而消弭。一八七八年，設法傳出嚴守柏林議會消息。至若候車易帽（公文藏之帽内），與其用以資泰晤士發表人所不能得之新聞（如簽字前之柏林條約全文等）諸方法，以及畢士麥（**Bismarck**）如何佯索之於會議桌下，及其他種種軼聞，見於此著名新聞家傳記中者，均爲人所樂道。

成氏卒于一八八四年。繼之者爲牛津大學萬靈學院校友卜克爾氏（**George Earle Buckle**）。入主筆政，時年亦二十九。一九一二年九月去職，任期幾三十年。去職後，仍被延修裴根司斐爵士（**Beaconsfield**）傳記，以竟已故職員孟利派來氏（**W. F. Monypeney**）未竟之功。其時阿沙（**Arthur Fraser Walter**）已繼其父華爾透第三爲泰晤士主人。今之報主，則其子華爾透第五（**John Walter V**）及艾士東少佐也。創辦泰晤士者，蓋爲今之華氏之高祖矣。一九〇八年，因管理無方營業不振，有新組織之公司，收買此報紙及印刷事業。已故之北岩爵士（**Lord Northcliffe**）爲其主要股東。一九一二年卜氏去職。繼之者爲又一萬靈學院校友唐森氏，曾在南非洲任米勒爵士（**Lord Milner**）之秘書及《瓊萊堡星報》（*Johannesburg Star*）之主筆。繼道（唐）森而起者，則爲國外通信及國外新聞主筆斯梯德（**William Steed**）。一九二三年北岩爵士作古，華爾透第五及艾士東少佐購得支配之股權。唐氏再主筆政。一九二四年成立董事會，專以保障泰晤士支配股權將來之移易。董事均現任重要公職者。舉之如左：

大理院院長

牛津大學萬靈學院院長

王家學會會長

會計師總會會長

英國銀行總裁

董事會按照則例，得准許或否認任何移轉之提議。蓋鑒于北岩爵士秘密收買股權之前車，欲維持其永久獨立而無所偏私之精神也。

附：北岩爵士小傳

北岩爵士，近代報界之奇才也。一九二一年十一月來游我國。日報公會同人在新聞報館開會歡迎，予因與爵士有一面誼。其偉岸之貌，與警辟之言論，至今猶憧憧于腦中弗能忘。爵士生平以管有泰晤士爲務，而終達目的。於是彼在英國報界之霸業成，因而於大戰時爲祖國對外宣傳，克奏殊勛。故予述泰晤士小史而以北岩爵士小傳附之。

北岩爵士，愛爾蘭之杜柏林（Dublin）人。一八六五年七月十五日生。原名威廉姓哈士華（Alfred Charles William Harmsworth）。後因襲爵，乃稱北岩。其父係名律師，善辭令，精文字，常投稿于《杜柏林週刊》及歐美各報。其母爲蘇格蘭大家女，聰穎明慧，讀書不倦，於音樂尤擅長。生子女十四人，北岩其長也。北岩事母至孝，終身不離其左右。故北岩之成就，又以得母教爲多。一八八八年，與商人米納氏之女 Mary Elizabeth Milner 結婚。

北岩十一歲入司丹福（Stamford）中學肄業，二年，繼入漢伯司地（Hampstead）中學。在校中發起一小報，初全用手寫，後改排活字，皆北岩自爲之。至今其報尚有存者。同時又投稿當地一日報，雖所得報酬甚微，然彼在學生時代，已能表顯其新聞記者之大才。其父母欲北岩入劍橋大學，北岩漠然置之。因聘一教授在家攻讀。

北岩幼時嗜運動，除各種球戲外，又喜駕自行車。北岩之記者生活，與日俱進，常爲《自由車新聞》（*Bicycling News*）、《地球報》（*Globe*）與《童報》（*Young Folk*）之訪員，又與同學游覽各國，以廣見聞。沿途作文寄各報，十九皆披露。尤以《倫敦畫報》主人所辦之《青年》（*Youths*）所賞識，聘其爲副主筆，每星期薪水一鎊有半。《青年》係一教育報，發行未久即停，故北岩接管泰晤士後，特創《教育週刊》。

北岩此時在報界漸露頭角。《晨報》（*Morning Post*）主人等皆樂與爲友。一八八二年北岩移家居倫敦，仍以報稿爲事。其知友中，有北菲洲探險家華德及大小説家賚播頓。《晨報》用彼之稿甚多，每欄酬以二鎊。北岩在小説方面，喜讀司各脱、狄更司等名著，又因閱法文報而兼攻法文。

一八八五年，受伊里福一發行家之聘，襄理《中原日報》（*Midland Daily Telegraph*）之事，於是北岩得知辦報之營業手續，能爲其設法推廣銷路。其主人願與合夥。時北岩年方弱冠耳。

北岩積資千鎊後，仍回倫敦，刊行二小書，一名《生活千法》，一名《鐵路大全》。一八八七年，自創一發行機關。翌年六月二日，刊行一小報，名曰《答案》（*Answers*），銷路甚暢，未久收併該小報爲聯合報紙公司（Associated

Newspapers，Ltd.）之基礎。其二弟哈若（Harold），後稱羅石美爵士（Lord Rothermere），亦投資若干。（哈若有操奇計贏之天才。北岩嘗謂彼非人也，乃加法機器耳，故能繼其業而光大之。）至今爲英國報界重鎮。當時北岩以營業方面有所託，得以其全部精神用于編輯方法。投稿皆一時知名之士。首相葛蘭與邱奇爾等皆稱道之。每年盈餘五萬鎊。

一八九二年，《答案》銷數每週達一百萬份。

一八九四年八月，北岩收併《晚報》（*Evening News*），此報乃保守黨費三十萬創辦者，以折閱而改組。北岩力加整頓，並賴其弟之襄助，第一年即獲利一萬四千鎊。是年北岩曾派一團體往北極探險。

一八九六年五月四日，北岩創辦《每日郵報》（*Daily Mail*），每份只取價半便士，電報極多，且皆名人執筆。英國報界空氣爲之一新，及南非洲波爾（Boer[一]）之戰，已日銷六十萬份。一九〇九年，在孟却却斯特同日出報，又在巴黎出附刊。每夜由電報傳去倫敦總館消息。英報紙之有地方版，實自此始。今《每日郵報》之銷數，已超過二百萬份矣。

一九〇三年，北岩又創辦《每日鏡報》（*Daily Mirror*），係以圖畫爲主體之小報，專備婦女閱覽者。英報之有婦女報，亦以此爲嚆矢。一九一四年，此報移歸其弟辦理。

一九〇五年，北岩得男爵銜。翌年與其弟合資在紐芬蘭島之探險河濱。拓地三千萬哩，利用大瀑布水力，設立造

［一］原文爲「Roer」，誤。

紙廠，裝有二萬三千匹馬力之透平電機，並造輕便鐵道以達海口，其規模之宏闊，居世界第二位。

北岩不以此自滿，其處心積慮，在能操縱泰晤士。時該報適以誤登一僞造函件，大失令譽，至是遂入于衰落時代。蓋久處順境，因而漠視一切，故不免暗中招損。先是《泰晤士》既壓倒各晨報，風靡一時，故于《每日電聞》（*Daily Telegraph*）之出版，毫不介意。北岩嘗言，《每日電聞》以一八五五年襤褸其形，出現于浮街。一八六一年，以得美國內戰消息，擊敗《泰晤士》，遂渾身錦繡矣。然《泰晤士》基礎良固，初不因此蹙其發達之機，迨普法戰爭發生，所得消息遠遜于《每日新聞》（*Daily News*），於是聲名大墜。故在一八七〇至一八七五年間，《泰晤士》雖仍爲有名之報紙，而新聞減色，銷數遞落，其閱者多另購他報一二種，俾免遺漏重要消息。主事者雖竭力支撑，然收入有一落千丈之勢，且嘗設立圖書俱樂部，以圖補救，其定章凡年納四鎊十八先令。除閱《泰晤士》外，且可借閱館中圖書庫之各種圖書，不另取費。顧此制實行後，匪特效果甚微，且轉增煩累。蹉跎多年，漸難維持。當事急時，企業家多欲攫爲己有，乃爲北岩捷足先登，秘密加入資本，爲大股東之一。而如其夙願以償，隱操言論之權，如斯者數。閱月，而外間無人知。此一九〇八年事也。彼接辦《泰晤士》後，進行一如其舊，毫無舉動。直至南非戰後，通國輿論丕變。北岩知時機已熟，乃聘舊主人華爾透爲董事長，其他董事亦爲有給職。修理房屋，添製新式印機，加聘編輯及訪員，由斯《泰晤士》内容改觀，使讀者耳目一新。北岩向抱定獨立宗旨，遇事必與各主筆會商，毫不專執。但當重要關節，有發表其主張之必要者，則亦不稍假借。

泰晤士之組織，至斯乃成爲最完備者。各部由專門家主之，而北岩自總其成。對于編輯方面，且實行增加薪水、增少工作時間之政策。該報經此改革後，銷路較前增至四倍以上。

創辦人之曾孫華爾透氏，在泰晤士本占有股份廿萬股，旋因與北岩主張不同，乃將廿萬股以平價售與北岩，與該報完全脱離關係。初北岩加入泰晤士爲股東時，曾與華氏訂約，設渠有不諱，華氏有收回該報之優先權，其價值依其所賺利潤而定，但至少每股十先令。夫華氏餘股既盡賣歸北岩，則此項優先權當然消滅。惟北岩遺囑中，則聲明此優先權，依然存在。迨北岩逝世，支配其遺産時，乃發生一法律問題，即華氏是否可依遺囑而要求優先權，抑法庭可判決華氏售出其餘股後，其優先權業已消滅。當經北岩財産管理員決定此問題，應請法庭處置。當時英報界長袖善舞之流，紛紛組織銀團，圖收買泰晤士，北岩之二弟亦爲競争中之健者。而華氏主有該報之心復熱，但既賣出其股權，是已失其憑藉，乃復設法購入十八萬股而爲一小股東。但氏雖小有資産，尚不足與諸銀團抗，本泰晤士董事部中人，不願該報與任何報紙團體發生關係。欲其仍爲全國輿論中心之代表，保持超然地位，遂力爲華氏後援，由彼等介紹得倫敦市長之同意，以鉅款贊助華氏。羅石美爵士遭此勁敵，氣不少餒。據云，彼願以英金百廿五萬鎊爲泰晤士之代價，此事卒經訴諸法庭，關于華氏優先權一層，法官折中判斷，謂北岩遺産管理員，一方應以最高之價出售，一方華氏亦應有與任何價格競争之機會。當令羅石美爵士以書面記其願出之價格，爵士又增十萬鎊，先出一百卅五萬鎊。法官問華爾透氏亦願出此數目否，華氏因得各方面之贊助，答願出。於是泰晤士乃重入故主之手矣。曩使華氏不先售出其廿萬股，則依其優先權，收回北岩股份，每股僅須十先令。今則北岩及彼自己原有之股份，皆須出五倍之價購回。就經濟上言，損失殊鉅。惟華氏及其同志，欲使泰晤士恢復其昔日面目，成爲代表輿論之機關，對于政府，可助則助，立于諍友地位，則此爲一種愛國事業，不必純以商業眼光視之。至北岩宅心忠厚，雖華氏拋棄其股份，而仍保留其優先權，亦不可没也。

北岩之國際見解，在南非戰前，主張聯德。及一九〇〇年後，知德甚恨英，在竭力擴張海軍，乃改變宗旨，鼓吹聯法俄而親美，嘗大聲疾呼，警告國人以德人之野心，不以裁減英國海軍爲然。

北岩早知飛行之功用。一九〇一年，由每日郵報懸賞，有能由倫敦飛至孟却斯特者，獎一萬鎊。當時報界多非笑之，以爲愚妄，但至一九一〇年即有人得之。是年又第二次懸賞，亦一萬鎊。一九一四年，第三次懸賞一萬鎊，爲飛渡大西洋，必英人駕英國製造之飛機。北岩第一次在國會演説，即主張政府應撥巨帑，提倡飛行。彼又注意潛艇，曾親自入水二次。

歐戰時，北岩曾親至前綫，任訪員者十餘次。一九一六年三月四日，凡爾登之戰。北岩與裴丹元帥會商守法。知德決難攻破，遂通告各國。北岩又曾至瑞士，慰問被俘英兵。其夫人創辦醫院，自充看護。所募紅十字會經費，亦由夫人保管。

一九一五年春，因軍火缺乏，北岩力攻吉青納。政府取締無效，於是由艾士葵組閣。但北岩素主張强迫從軍。翌年艾氏亦被攻而倒，由喬治繼之。喬氏邀北岩入閣，彼恐言論受牽制，未允。一九一七年美國參戰，任爲駐美大使，亦力辭。及陸軍部派委員團赴美，始出而與美政府周旋，以鞏固英美感情。及歸國，英皇嘉其功，升授子爵。

是年喬氏勸北岩任航空部大臣，仍堅拒。及一九一八年二月政府設敵國宣傳局，聘爲局長，北岩始就之。先後游説德奧人，均著奇效。德政府恨北岩入骨髓，曾派飛機至其居所上擲炸彈。

一九二一年，北岩周游世界，所到之處，備受歡迎。在澳洲有「白人澳洲」之主張；在印度識破甘地宣傳之危險；在日本警告世人以日本之野心在控制中國；在近東，預料土耳其人將再活動；在埃及，則希望開放；在猶太則鼓吹和平。又此行間接關係于太平洋會議之成功，亦匪鮮尠。

北岩反對英日同盟，百折不撓，力持同盟足以危害英美交誼之説。蓋鞏固英美友誼，乃爵士後半生之願望也。其在中國，曾發表宣言如左：

予于在日本受感其之招待後，發表如此宣言，似非投桃報李之道，然予在澳洲斐列濱時，對于排斥美國、挑撥戰争之英日同盟之續訂，已表示極端反對。今予惟從良心爲之耳。

英日同盟，爲日本軍閥手中之利刃，持以爲護符，耗費人民之收入半數以上，以經營海陸軍及炮臺。日本若無此同盟，則不敢對美作驕態。華人因受日人之壓迫，乃轉而責難英人，故在華各英商會及在遠東之英美人士，無不反對同盟而提起抗議。

英日同盟所得之惡果，即日本軍閥藉其勢力，以滅殺日人所欲得真正民主政府之志願。箝制言論自由，取締公共集會，令其所控制之警察及檢查員任意爲之。

有多數日人對予言，彼等痛恨日本摹仿德國之武力主義。所謂國會者，乃一幕滑稽劇。其威權不逾于德國國會所有。日本之政權，絶對握于四人之手，即所謂元老是也。毀棄英日同盟，即可剥奪彼等權力之半。惟今後數年間，尚須受彼等監視耳。

又發表一論文，痛斥日本之野心，關係于中國極大，亦併録如下：

君若披覽遠東近代之遠東地圖，表示在英日同盟時代之一切變更者，即可知日本現已控制自上海以至庫頁島之東亞海岸。其在海參威，則控制麥考羅夫政府；其在南半部庫頁島，則盤據甚固。而大連旅順，又皆日本之港口也。日本在青島及横斷中國聖神富饒之山東内地，延長四百基羅密達，直達濟南之鐵路一帶，均據最優地位。日本在濟南設有無綫電站及兵營，距津浦路綫不滿百碼之遠。此爲軍略上極重要之地，日本軍隊竟駐屯焉。彼等在該處純爲普魯士式，耀武揚威，儼然爲彼所自有。外此在中國内地，日人亦有根據地，如漢口附近設有一無綫電臺，在鐵礦附近，則駐有步兵馬兵。試一設想，如外國軍隊駐在劈資堡，並設無綫電臺，則將如何者？故日本不離去山東，則遠東無和平之望。而遠東之和平，即世界之和平。因英國在威海衛，美國在菲列濱，法國在安南，對于日本之任何企圖，或于軍事上及經濟上控制遠東，而貫徹其已經成績卓著之野心計畫者，必須准備抵抗之也。

日本外交家之甘言，毫無意味。英日同盟目的之一，非維持高麗獨立乎？今此獨立安在者？英日同盟之全部事實，無一非破壞諾言，日本在盟約下，誓言助中國門户開放，今此門户已爲受有津貼之鐵路及汽船所封鎖。此等鐵路及汽船，則爲日本政府所主有或控制者也。日本之成就此等軍事的或經濟的野心，英日同盟實贊助之而非制止之。

日人在中國之宣傳，效果奇妙。故中國政治家嘗謂英日同盟廢止，將有英美日三國密約繼之，此完全受日人謠惑。予不欲言在中國印刷之報紙爲日本所控制者，究有若干。如日人自任編輯之機關報，以英字印刷之《華北正報》（*North China Standard*），即予初見之亦爲所惑。蓋該報儼然一美國式之晨報，載英美消息極多也。

據此間所得華盛頓消息，似會議已爲日人所催眠，此或因海電太貴，英美電訊皆極簡單之故。華盛頓會議爲日本軍閥之第一棒喝。彼等初被邀請時，即表示反對。愛國之華人，雖對華盛頓會議抱有希望，然不信任其代表，因彼等受日本勢力之支配也。

北岩喜作文，每日必書千字。其筆法整潔而簡括，發表于報紙者，皆切實可行。平居每日上午六時即起工作，直至晚九時始休息。生平喜讀法文書籍，尤注意德國時事，其秘書有知德文者，日必將德報要聞告之。其處世接物，和藹公允。故職員無不愛戴。

北岩游戲之事有二，即擊考而夫球與駕駛汽車。且自闢一考而夫球場，每日操練之，有時亦以釣魚取樂。

北岩體素弱。一八八四年，自白里司托乘自行車至倫敦，途遇大雨，且未進食，因而得肺炎症。中經大戰之勞頓，一九一八年冬，患喉症至失音。曾赴法静養。一九二三年，更罹心臟内膜炎症，毒已入血，百醫罔效。病約二月，因狂熱而體日弱。延至八月十四日，在其倫敦住宅内逝世，即在惠斯敏寺内行喪禮。

噩耗甫傳，英皇、倫敦市長、法總統、比首相、澳洲總督、美大使等均致唁詞。坎拿大報紙譽爲英國報界之時聖，桑梓之愛爾蘭，又失一人材。法比報紙謂北岩乃法比之友人，辦報人材中最有實力者。美報則謂偉人又弱一個，應爲全球所哀悼。

論曰：近世紀來，報界之人才亦衆矣。然或長於管理，或優於文字。其能一手持算，一手執筆，學識與手腕兼而有之，如北岩者蓋寡。此其所以執輿論界之牛耳，而克躋成功之域歟！

二　紐約泰晤士報館參觀記

一九二八年六月十九日，予於大雨中，由歐乘輪抵紐約。以當地《泰晤士》與倫敦《泰晤士》兩報，在今日皆具無上威權，各執一洲輿論界牛耳，乃致書其輯編長卞却爾（Fredrich T. Bischall）氏道將求參觀意。蓋彼亦曾出席日内瓦國際專家會議，與之相審也。

該館在寬街（Broadway）〔一〕與第四十二街間，地當交通中心，輪軌輻輳。環繞其周圍者，通稱泰晤士市區（Times Square）。屋狹而高，且孤立别無依傍。遥望如筆立，形絶奇特。入門則僅有收受小廣告處及管理信箱之人，甚忙碌，不得要領。彼等乃授吾小地圖一紙，謂請循黑綫行。不數武即可得本報新築（The Times Annex）編輯印刷諸部皆在焉。至則卞氏尚未至館，本彼已預囑一館員招待，欣何如之。此館員引予乘電梯直達頂端，然後逐層而下，且觀且爲説明。頗覺其有條不紊，無拾級之勞，直至地層而後止。

美國自參與歐洲後，國勢日張，資本主義日益膨脹，因而報館在物質上之設備，且較歐洲報館爲完美。予以其足供我國報館之參考也，乃記之特詳。

〔一〕戈寶權校註曰：「寬街」現多稱爲「百老匯街」，上海亦有此路名。（後文徑改——整理者按）

《紐約泰晤士》初名《紐約每日泰晤士》，于一八五一年爲芮門德（Henry J. Raymond）及瓊斯（George Jones）兩氏所創辦，至一八五八年，始去「每日」二字。今大股東爲歐克師（Adolph S. Ochs）氏在此七十餘年之歷史中，徊翔亢進，每歲星十周，館屋殆必經一度之擴充。蓋事業既趨複雜，範圍因而推廣。今之館屋，已爲其第八次所經營。其銷數第一年僅有二萬六千份，今已日銷五十余萬份。星期日且增至七十余萬份矣。茲將收集消息之新聞部、印成具體報紙之機械部，以及供給上述兩部鉅款開支使得完成發行之營業部，依次述之如左。

新聞部（News Department）

新聞部者，本市及國内外逐日發生之新聞原料，無間日夜，及時注入之中央磨廠也，位於館之三樓。新聞之來源綦廣，其格式亦種種不同。有來自館外個人或機關之手寫及印刷寄稿，求此爲發表之媒介；有海陸及無綫之電訊；有市内市外及各國各地訪員所發之本地或長途電話；有特派訪員之具體報告。凡此均須就其在翌晨報紙中之價值及分位，加以抉擇類別，組成良好之體裁。分工合作者，爲採訪、編輯、校閱諸職司及排字間、印刷間諸工友。

居新聞機關之首而負聯絡本部與營業及印刷兩部工作之責者，爲理事編輯（managing editor）。彼不僅有隸屬于其指導之下，刺探重要地方及國事消息之三百餘訪員及通訊員，並有直接倫敦、巴黎、柏林、羅馬及莫斯科之該館海電及無綫電局，故與逐日發生之新聞，常能脉息相通。對于尚未實現之要聞，根據于過去之事實，知其無可避免，確如來日太陽或潮汛之升落者，常能先燭其微，蓋所關心觀察者，實爲整個之世界——自然界、藝術界、文學界、科學之發見及推展，以及日常全部人類生活之演進，無一非所注意也。

新聞部工作於理事編輯監督及指導之下，職掌更釐爲本埠及電報兩股。前者處理發生於紐約市及市區一百里以內之新聞，後者則處理此外國内外之消息。兩者雖各有畛域，然所得消息，事實上不少關連之點。其編輯及發表之工作，亦多未能完全分離，故常相互合作，各以其有關係之新聞，通知其它一部。

隸屬于收集本市新聞之本埠編輯，有從事一般工作之普通訪員及分類新聞訪員約百人，又市外通信機關約七十處——個人或新聞通信機關——遍布市範圍内。編輯逐日將見諸本報及其它晨暮各報之僅有一部分證實及發見于隔宿之報章，而仍含有潛在及活躍之新聞意趣及重要性質之項目，列爲清單，以俟其進展。

在晨間及午後，將此等新聞項目指派與各訪員，擔任者之經歷性格，咸爲最適於此等特別新聞之採集者。同樣手續，有時亦用于有新聞消息之見端來自電報電話之時。各項付託及負此專責之訪員，咸載諸是日一覽表中。薄暮時，以之移交于夜班本埠編輯（The Night City Editor）。其人將日間發生之新聞，熟考而確定必要之銜接點後，依同一之程式，繼續工作。

薄暮時，各普通訪員及法庭、市府其它政治機關，船舶消息所，經濟、教育等以及旅館、劇場、音樂、宗教及新聞部之訪員，咸集于辦公處，將所主辦採集之結果，報告于日班或夜班之本埠編輯，並依編輯之支配，各人將原稿以打字機打之。有已完全者，有因事實較長或消息來遲而爲急就之章或片段之文者，類以交於稿案（Copy Desk）。案爲列桌圍成之半弧形，在新聞室之右中央。左則匹以相似之半弧形電報稿案。前者由本埠編輯及其原稿校對員轄其事，後者由電訊編輯（The Telegraph Editor）及其電稿校對員主持之。

編輯以此等稿件，一一指定彼所認爲最適於擔任之校對員，分任校讀、計謬、節約、編纂、標題。稿件內容，含有編輯意味，或涉偏頗，或有類誹謗者，削除之。此類瑕疵，有時許混入就職未久或年輕者之筆端。彼等尚未熟知褒貶之責，當完全讓諸編輯同人。而新聞部則限于提供正確之消息，初不必顧及其內容之何若。於處理敵視紐約泰晤士編輯政策之新聞，即彼認爲記載錯誤而鳴其不平者，尤當特別謹慎，勿涉偏執。凡此皆該報之不成文規則也，良以忠實之反對者所强進之貢獻，較友人之贊揚，彌復珍貴。有若干此類貢獻，來自根本不同於泰晤士編輯見解之處，顧顯然無乖于其公正之原則。訪稿經校對者之反覆校讀，更由日夜本埠編輯、電訊編輯、理事編輯及其他管理此日報之産生者之更番審查，其工作稿案自昔即有修削之權，以防止訪員及校對者勢力之衝突。但同爲正義而工作，雖微瑕必正，彼此間固不因此而生何意見也。

新聞原稿，經校對員編次後，更由夜班本埠編輯及電訊編輯詳加調製，於是置諸稿案中央一桌上鋼夾板中。由此經一連續之轉運機關，類似百貨商店中電動送錢箱，自動舉向上方，經天花板之一孔，而入於四樓之排字室。此本日之新聞轉成實體字模之機械的程式，于焉開始。

縱在初步，將口訊及語意轉成寫稿，亦常用及精巧之電氣及機械的手續。在新聞室一端之静室中，備有新聞收信機三具。由此印以打字機之地方新聞稿，源源送達該報。同時經由紐約市新聞合作社（The New York City News Association）之中央事務室，傳遞于他報之事務室。紐約市新聞合作社者，爲新聞界合作之機關，供給紐約市主要之晨報及晚報以消息者也。此項機器每分鐘所印稿字，平均約在六十字以上。每日所印總數約在五萬字以上。同室更有傳達長島、紐舊賽、華盛頓消息至該報之機二。外此又有通夜接受聯合通信社（Associated Press）新聞之機四。

電報室（Telegraph Room）

有門通於新聞部之左側者，爲宏敞之電報及新聞企業室（the Telegraph and News Syndicate Room），隔絶喧囂，一如新聞部。電報室中，可容接綫者六十五人。人各面案，案頭裝置電報工具，每夜繼續忙于工作者，常逾二十人，經手之字數，平均約爲七萬。除公司諸綫外，夜間更有自租之綫二，分别傳達來自該館華盛頓局及芝加哥局之消息。又有一特别綫，則以接哈立法克思美國無綫電臺（the Station of the Radio Corporation of America at Halifax）之電訊。去新聞部東端較遠處，另有一静謐之無綫電報室，蓋該報自設有横過大西洋無綫電之收音裝置，技手若干人，日夜守之，聽取來自歐洲及世界其它各處之無綫電訊。凡此有綫無綫及海電所傳來之消息，日夜輸入事務室，在收音打字機之煩音激響聲中，印成蠟製複寫稿多份，分供稿案新聞企業組合及稽核處存卷之用。

此新聞企業之組織，供給七家市外報紙——《匹茨堡公報》（*The Pittsburgh Gazette Times*）、《聖魯意瀛寰報》

（*The St. Louis Globe-Democrate*）、《波士登傳達報》（*The Boston Herald*）、《芝加哥壇報》（*The Chicago Tribune*）（有兩綫）、《孟脱爾公報》（*The Montreal Gazette*）、《透龍土瀛寰報》（*The Toronto Globe*）及《米而華干哨報》（*The Milwaukee Sentinel*），各有租綫以與該報通訊。此外《奥大利亞報》（*The Australian Press*）及其他報紙多家，亦由該報供給消息，但無自租之綫耳。

新聞部中，外此並有地産部、自動車部、無綫電部及貿易世界部，後者掌日報及星期刊中所載商業狀況諸消息及其説明之處理，中包「顧客之來」（the arrival of buyers）一欄。在其它報紙，雖曾有類似之嘗試，然多未能繼續。該報之商業報告，其正確而豐富，在同業中竟莫與倫比。此外尚有外報翻譯部。

附屬于新聞部者，又有戲劇、電影、音樂、運動、社交諸部之辦公處，而運動一部，尤有其多數之主編人員。

爲輔助新聞部工作計，除備該報及他報之彙編以資應用外，更有參考書、市區及國内外地圖公報及人事備查等室。人事備查一部，占用該層兩部之大半。室更分爲行述索引（biographical index）及要聞索引（subject news index）兩部。前者有剪自本報及它報關于個人之記録約二十萬條，分類編列，一索即得，逐日增加，咸有精密之統計。其前所刊行之項目，間有更正者，亦列入其中，以供參考，庶於其人不至更有失平或錯誤之記載。關于各個人物之剪報，多寡不等，在附有索引之封筒中，有僅剪報一條者，有數百條數千條者。如威爾遜一人，即滿裝三抽屜有半也。關于人物及事迹較遠之記録，則藏諸鋼造小室中，其主要標題約三千條，乃集自首都各報及重要雜志與公文中者。更有較遠之累積索引(cumulative index)，記有刊行之日期、頁數、欄數，起自一九〇五年，所包含爲刊於該報之重要人物及其事迹。在此參考部中，最後尚有自創刊號(一八五一年)至前此十年之該報彙編，鎖存于避火避光之鋼室中。後此出版者，則置于靈便之旋轉架焉。

編輯會計監查員(Editorial Auditor)亦駐于同層。其職責爲檢查新聞部員薪金、海陸電報費用與其它關于新聞編輯及星期刊諸部消費之克單。此層並有全館之電話總機，日夜各有接綫者十四人，分任工作。有幹綫八十五，分綫二百四十六，與銀行街(Wall Street)、必克門街(Beckman Street)、哈蘭(Harlem)、船舶消息所及公安總局以及該報之三紙棧及多數用紙所自來之汽船碼頭，以及館外寫真製版所，均直接有綫聯絡，另有長途電話綫五，則專爲遠方通信設置。每年夏季，與發行人之逭暑所並接有長途電話，以當覿面。每日館內電話之交換次數，平均約二千五百次。外此又有自備之獨立自動電話，設有分綫二百與各部連絡。

日報外之新聞部(News Departments Other Than Daily)

日報新聞部之職掌，其外觀之活躍與迅捷，自較其它爲尤。但月刊週刊各部，其供獻世界新聞，關係之重要，蓋亦相埒。《時代史乘》(*Current History Magazine*)每月發行一次，內容於國內外新聞及評論，分目爲詳断之論述。本爲世界大戰時一種臨時刊物，今則已爲全國圖書館、大學校及一般讀者必備之書矣。

週刊部(The Sunday Department)在八樓。主持銷數逾六十萬份，內容有《星期雜志》(*The Sunday Magazine*)及

美術、風尚、音樂、戲劇諸特載（feature sections of Art, Fashion, Music and Drama）之星期刊，除特設編輯部外，更有館外著名之政法學者、外國旅行家及藝術家之投稿。

《星期雜志》及其他特載之內容，乃以過去數日間之新聞作根據或考案，而爲更詳盡之記述。視彼逐日所搜集而發表之新聞，因匆促而常爲片段者，觀察及分析，自更有透澈及精到之可能。其節目常包有訪問歐美名流之談話及其署名之論文，富有興味及饒堪注目之城鄉生活狀況，以及社會、政治、藝術、科學之變遷的描寫。其有新奇或可資談助之異國人地事績，並爲生動之記述。

《書物批評》（*The Book Review*）爲一三十二面之薄本刊物。本於星期六刊行，今則爲星期刊之一部。其編輯部亦在同層，除編輯、訪員及館外投稿者約四十人外，更有羅馬、柏林、巴黎、倫敦常期通信員多人。與《星期雜志》及《書物批評》同一通體用影寧版印刷者，尚有《編年紀事》（*Annalist*），於星期一發行，行銷于全國之銀行家、企業家及投資者，發表一週間對于財政狀況及商業與經濟界之觀察，附有物價變遷指圖及其意義之說明。於特設之編輯部外，投稿者有重要實業專家、國內外經濟學者及華盛頓局關于公家對于商業實況見解之報告。

除備有逐日「人事備查」以供該報採輯新聞之用外，該報復于一九一三年起，刊行書本式之《紐約泰晤士索引季刊》（*The Quarterly New York Times Index*），供一般參考之用。此索引有錯綜之條目五萬至六萬條，于該報所載新聞，指示正確，並附事實撮要，以便彼不得獲得《泰晤士》彙編者。此有其專任之編纂部員，負責分任所被指定某項題目之纂輯，如禁令選舉及德國賠款等等。各項條目所占篇幅，則視過去三月間此項新聞之多寡以爲增減。發行之始，即成國中各公共機關、大學校以及圖書館之日常要籍。圖書館及各報館之購每月《泰晤士彙刊》者，逾一百五十處。購《索引季刊》者，逾一千處。該報在過去十年中，關于此部支出，超過收入十萬元。但亦因是而《紐約泰晤士》有新聞史乘（Record Newspaper）之目。世界各報之有每月彙刊之常期定户者，恐僅有該報也。

新聞畫報（News in pictures）

時事之記以圖畫，本非創舉。自大戰發生，圖繪尤認爲搜集及表現新聞之要素。在該報組織中，數年前圖繪本已成頗關重要之部分，現則須用館中九樓之全部，且溢入他處之有關機械製作之部分。圖繪部（the Pictorial Department）所包含爲泰晤士大地寫真供給社（The Tide Wide World Photo Service）、星期畫報（The Sunday Pictorial Section）、藝術之部（Art Department）及半週畫報（The Half-week Pictorial）。

泰晤士大地寫真供給社製作及買賣新聞中人物事績之畫片範圍，遍及全球。除于巴黎特設支部外，有通信員及代理人五百以上，遍布大地，與倫敦、巴黎、馬德利、柏林、阿姆斯特丹、柏蘭、羅馬、孟買、悉德尼、墨爾本、東京、倍諾斯愛勒及其它外國都市，爲寫真之交换，連帶而及各種貨幣匯兑之通訊及處理。

此部自設有華美之新式畫室，附有陳設富麗之名人接待室及時裝模特兒之更衣室。有顯影及完成照片之暗室，有見於報端之人物照片及底片儲藏室，更有一市區室（city room）。遇有新聞之須攝製者，派攝影師于此攝製。因得顧客之信用。大地寫真供給社並爲紐約其它報紙所需求。蓋用以與是日之新聞連輟以相發明也。

編輯部（Editorial Department）

與新聞部關係密切，自逐日採集之世界新聞中篩去秕糠，於一般之真理，加以疏釋以指導群衆，同時于新聞及其製作者却復嚴格分離，于提供之新聞絕不有所左右或爲色彩之渲染者，是爲編輯部。實際與其謂新聞之製作基于編輯者之意見，毋寧謂編輯精神之造成，基于發生之事實也。

紐約泰晤士實不啻一大學——一世界最大之大學。執贄其門者，咸所歡迎，束脩每日二分。世界各大學之講座、設備、學課，無有能如其多而且備。實際彼且爲各大學之教師，此可證之以國中各大學及各名校，無不存有各期之《泰晤士》以供日常參考也。

爲與此性質一致，故在十樓之編輯部，其裝飾布置，力求使具有學院之環境，及措諸學問之範圍中——高潔幽静。而一隅一角，則無不充滿時代之光明與空氣。自光滑如鏡之地板上，步入寂静而圍以玻屏之内部。其中心乃編輯圖書館，在文飾的雕刻橡木隔壁及短欄之後，書架層層排列，庋置參考書籍及新出定期出版物約二萬册，不啻一知識之寶庫。無論何種重要知識，可一索即得。環之者爲橡木及玻屏隔開之辦公處，總主筆及其副手分駐之，備有參考書及專科書籍。在隔開各編輯員室及中央圖書館之假樓中，明窗四辟，配置彩色玻璃鏡板。其上描摹製成報紙之各項原素及其手續，最初之手工印刷及手工的排字機、鑄字機以及各種運輸及交通方法——汽船、新聞郵車、郵用飛機、機關車、電竿及無綫電空中綫、打字機、攝影機——新聞紙之各種新式舊式附屬品。

在此部之末端，爲會議室。室極宏敞，造以大理石，並加髹漆。頂略作圓穹形，坪鋪以黑白之磚，寧靜適于討論。中置長形之議事桌，開會時，列席者圍之而坐。室之長窗外，百老匯街中之宗樓傑閣以及車水馬龍之生活狀況，却復了然在望。日中于此開編輯會議，列席者爲發行人及其佐理之分任各執行處事務者。本日之新聞，即于此會議中討論分析，而以興味濃郁、關係重要之各題旨，由主筆選擇分派與各社論作者。彼等從未有被請對于某項題目發表意見，與被自身之見解與信仰不相符合者，此亦該報常引以自豪之一事。人孰無過，泰晤士之社説，亦間犯錯誤，即將來亦勢所不免。然其論列之過失，亦如新聞之偶爾失檢，其態度固光明磊落也。又凡所見解，絶不因囂張輿論之贊成與反對而有所移易。在該報之初期歷史中，曾因發表其由衷之言，反對館外暴動之群衆，於口誅筆伐之外，不得已應用機關槍以增加其勢力。在近時更有多次堅持其所認爲正義，不顧彼大多數群衆之囂囂，而此所謂大多數群衆者，過後固有不少自省其感覺之錯誤。真理亦如人情，縱似陳舊，然引以爲行爲之指導，固較彼一時狂瀾滔滔之邪説爲愈且安全也。

政治方針（political policy）

該報從政治的立場言，自認爲一獨立的民主派報紙，惟其以獨立自限，尤甚于民主。故雖在最良之民主政府之下，從不願取政府機關報之態度，受執政者之指示而爲之宣傳，俯首就範，放棄其獨立之手段，及因獨立而得之榮譽。對于建設民主黨者之政見，所謂民主派，畢竟較任何仁厚之獨裁政治團體爲可信賴。又政治的明敏，行政能力之集中，任何因經濟、宗教或地理關係之集團，未必能比之優勝。該報固信其説，但對于民主派執政者之常施批評彈劾，較對其政敵爲尤甚。戴維（Elmer Davis）氏在其近作《紐約泰晤士歷史》（*History of The New York Times*）（1921）中有言曰：

《泰晤士》爲民主的，因其中堅人物信服民主主義，且以爲謀公衆之幸福，莫如以報紙之助力，給與民主黨，時時以其根本之黨義提撕警覺之，當不患其忘却主義也。於黨見外，《泰晤士》年來又被視爲所謂美邦報紙中保守主義派之健將，其銷行之廣，主義之貫徹，見解之常與人異而持之至堅。凡此皆被認爲保守派首領之所由來……而其保守主義，縱非全然，亦必一部分因其享受——用此兩字，實斟酌至當——彼激烈派之極端憎惡，視美邦任何他報爲尤也。

勿謂《泰晤士》諸編輯，偏僻性成，引知識的孤立爲榮；或不近人情，以不同情其同業爲樂。使其于敵對者，果存自矜之意，則由於彼等信彼廣播之反對其編輯見解之論調，實非真有曲直是非之辨。《泰晤士》讀者所代表政見範圍之廣，遠過于尋常報紙之讀者。多數人之讀報，其目的在得知消息，于編者政治或經濟的意見，殊不重視。有疑吾言者乎？使注意彼激進派週刊中關于事實之記述，何以常引《泰晤士》所載新聞爲根據？此非其明徵耶？……

泰晤士從未致信仰於用魔術的方劑，在一夜間去除全部人類之疾惡。不信政治及經濟上之癥結，有包治及專利之藥方。事無鉅細，常謀所以覺悟彼暴亂者猛烈之衝動。於傅立葉（Fourieristic）、馬克斯（Marxism）及列寧主義（Leninist），緑背紙幣政策（green backism）、自由銀幣制（Free Silver）、非黨同盟之政治經濟制度（the political-economic system of The Non-partisan）、政治商業化（put the government into business）、反對生理解剖的醫療社會學（the medical sociology of anti-vivisection）及達達主義之藝術哲學（the artistic philosophies of Dadaism）等等，在過去固未信仰，於今尚然。保守主義（Conservatism）者，其正解爲傾向於保持良好之舊習慣，反對對于制度之尚有存在價值以待確有更妥適之替代者，遽主加以廢棄是也。

機械部（Mechanical Department）

新聞之編纂，參觀既竟。彼新聞原稿由電力輸送品遞至排字間。余儕因亦踵往。〔一〕

排字室（Composing Room）

排字室占四層之全部。其面積之大，達二萬二千六百三十九方呎，燃有 Cooper-Hewitt 式之淡藍色電燈，俾從事細

〔一〕戈寶權校註曰：「依此段之意義，似係二叔親往參觀機械部，而作如此詳述之文章，否則須將語言稍加修改，以免讀者之誤會。」

密之排字及校對工作者目力得充分安適而不受損。室中密布錯雜之電力排字機常在使用中。職工約二百人，每日輪換三次，來自新聞部及廣告部之原稿，于此初次相逢，以備排印。全室半以處理新聞原稿，半以處理廣告。

新聞原稿既由電力轉運機關送達稿紙剪裁者（the copy cutter），乃由彼視需要如何，盡量加以割裂，俾分配與從事工作者，得同時各手一條，迅速完成。排字者各就排字機而坐，置稿于前，一如彼打字者動作之姿勢。每一動作，則所觸着之金屬字模，各自其編次之字模行列中，帶至機器之前，嵌入欄中應列之地位。如是稿中其他各字依次繼之。一行既滿，則自動推入一鑄字箱中，其上有機器注入鎔鉛，于是一行活字以成。用過之字模，則由機器自動舉而還之原來集中之處，各回復其原行列，以備再用。原稿之各行，既一一鑄成活字，乃排成一版，印爲校樣。每稿計須二十三紙，以備各編輯分部校讀或存查。此項校樣當即由排字室校對員將錯誤校正後，送還各原經手排字者，照改正各行，重加排鑄。每篇錯誤多至三數以上者，則退回全部加以復校。此項校正之稿樣，至此遞于組合編輯（**Make-up Editor**），由其審度，以爲全張應如何配置而加以排列。至此各頁之活字，固排于一架中而入于同層之鉛板模型間，在汽熱與巨壓之下印成紙版，而成一新型。此即最後見于印刷之正確稿樣也。

此項模型蒸發乾燥後，輸送至印刷部之鉛板鑄造室，再受金屬鎔解之洗禮。

在此排字室中，所有排字機七十二具及鑄字機十具，均裝有排汽管，以排除發自鎔金之臭味及其下之熱焰，並有特別通氣之裝置，續之以巨量之新鮮空氣，編輸全層，並設機器修理分廠以備排字機修理之需。在中樓，又爲各工人備有抽屜三百二十只。上工時，于此易去常服；工作後，于此易去工衣。在此並備有最新式盥洗所及各項衛生化裝用品。

每日報紙之篇幅，初夜時由理事編輯決定之。先與廣告及新聞兩部主任會商，兩部主任應于九時左右各向其提出是日報紙中新聞及廣告所需欄數之估計。倘手邊材料過多，則捨去者爲過剩之廣告，新聞則決不割置。聞該報爲求印成分量適當之報紙起見，割除過多之廣告已非一次。

印刷室（The Pressroom）

新聞在排字室製成模型後，其印刷如何完成？余儕由升降機而下降，同時模型由斜槽遞至地層下之印刷室中樓之監察處。有印刷電力管理處，電力由此分布于地層下震耳欲聾之印機及捲紙之繅車。同高處有二巨桶，自承塵下垂，中貯墨汁，合重十八噸，然僅供數日之用。桶中墨汁，固常滿也。

該報印刷室設有六十四印刷單位（printing units），每小時能出印刷切摺計數手續俱全之二十四面之報紙四十萬張。

新聞及廣告之模型，自排字室下降，不十分鐘入于鉛板鑄造所。于此疾卷之以防損壞，並曲成半圓形，俾適用于印軸，于是放入鑄版機。有自瓦斯燃燒之金屬罐中來之鉛汁，澆于其上，每機二分鐘可澆七版。如是每模型鑄成三十或三十以上之鉛版，旋即冷定，此半圓形之鉛版更由電動機于頃刻間修剪厚薄，俾適用于印軸。

每一印機（八重的）包有四單位及一摺紙器，每單位具圓筒兩對及軟印軸一。圓筒依此而旋轉，每一圓筒印四全頁之一面，此四頁之背面，則同時由此單位中之第二對圓筒印刷之。如是每一單位之圓筒完全旋轉一次印八頁之報紙兩全張，而全部八重機所印，則爲三十二頁之報紙也，所印頁數超過三十二者，則用集合之手續（collect process）將印機各單位重行排列，組成重複的六重印機備用。近來該報所印者，大都爲三十六、四十、四十四、四十八之報紙。每紙經過印機後，即自動摺疊裁切，並能每五十張自成一組，于是由一電力搬運皮帶輸送至上層之郵件室。

印刷用之紙卷，自第二地層之紙卷繅車室（The Paper Room）而至印刷室，巨大之載紙車終日續續運輸此項重逾半噸之紙卷，自街市平面下降，置于紙卷繅車室。每車置紙三卷，直屬于一印機單位，與印機同時由電力運用，以供印刷。有人守之，每卷將竭時，衹須一按掀鈕，使印機與繅車之轉動速度漸減，俾用所謂「飛粘法」（Flying Paster）者，將新紙卷附着于舊紙卷之根，剥去其少許之留餘者，此新者乃取得其地位，復依前時之速度轉動。

此急轉疾鳴之機械，運用印機及繅車之各部分，隨時可用加減速率或停止之掀鈕以管理之。在此使局外人之不習于此者，震耳欲聾之印機巨響聲中，有聲音高出其上之尖鋭傳音器及鏗鏘之鐘聲，示意各種之動作，非此則徒呼唤，固無以使工作此中者得傳消息、謀合作也。但每日二十四小時中有十九小時，此龐大之印機處于停頓或幾近于是之狀態中。風馳電掣之運動，僅在中夜。照例在清晨，該報第三版（或稱本埠版）印成後，即行終止。此時印刷室之工友，離開印機，就噴水浴，以恢復精神後，至置有抽屜之中樓中，易去衣服。次夜始更從事工作。

《星期畫報》《星期雜志》《書物批評》《編年紀事》及《半週畫報》等之印刷，需用精緻之影寫機，其印刷手續不于此印刷總部爲之，在第十二街及四十四街另有特設之影寫版印刷部。在十架單軸影寫機上，各刊物印以研光之紙及凹雕墨汁，用蝕刻之字模與畫版，以代通常印刷報紙用之綱目版，其手續視平常寫真雕刻法及鉛版印刷爲需遲緩，但從藝術方面言，則精美遠勝之。

影寫版部自藝術部接受各種圖片，將其翻刻成銅版。此須經一種轉换手續，將特製炭素紙上之膠精，逐漸鍍上銅版，一度使用而印刷完成後，此蝕刻乃從軸上磨去。此項手續經過二十五次後，軸上須用電力加上薄銅，以備再用。此影寫機每日使用二十四小時，每週用六日，所出之印件，一如普通印機所印，均自動摺疊裁切並計數焉。

發送方法（Delivery System）

印成之報紙，自動每五十份分爲組，由電力吊帶從印刷間運至地層之郵件室及第一假樓中。前者紮成巨捆付貨車、火車或郵寄，分配與各地書報商店及派報所。後者則分送與全國各定户。各捆之由特別快車送給書報商店者，均蓋戳記，明載運火車之號數。郵寄定户者，其住址姓名用電力發信機印之，此機並能將每份報紙摺疊包紮，按所寄地點拋入機旁郵件袋中。在日間並有預先郵寄往市外之手紮半週及星期刊物等郵件，每夜由郵局代表監察衡量，其駐在地點，適當裝入貨車處之運輸通道。該館除自有五大運貨汽車載運白紙外，並用二十五至三十五輛館外汽車以作分配報紙之用。

至此新聞紙乃預備齊全，供早餐桌上之需，而任讀者考量其早晨教育及啓示之製作，所需全部工作，是否值其所付兩分之代價矣。

營業部（Business Department）

爲值二分之日報，及爲價五分之星期刊，其報資約當全部收入之百分之四十，遠不敷發行所需，僅以用諸分館及派報所作爲一部分之分配耗消。發行上所得純收入，即以付紙張一項，每日約短六千元。以年計之，達五百五十萬元。故爲謀供應此巨額之原料、職薪以及新聞機械兩部之機器消耗，不能不有組織良好及能力充足之營業部，俾支應不至短絀，並爲巨額之投資，贏得利益。

該報營業部成功之秘訣，亦猶其新聞部之管理，有其標准之信條，即對于公衆有責任心及堅持基本的信實與身份是也。實際廣告亦新聞也。試舉一例，見於近今報紙上之廣告，其關係無綫電汽車及其他類似之商業表襮一加披覽，可因以尋出人生之實况及時代之進步，所與吾人之啓示，正不下於新聞欄中所載。該報爲求實踐其忠實之理想起見——國内同業受其影響，亦多取法——於求登之廣告，定有嚴格之審查制度。其内容必須有可靠之擔保，由登者負完全責任；又其主題必須明顯，形式必合于報之調和及莊嚴原則。因有此嚴格之限制，故公衆對之，一方以得登該報廣告爲榮，一方又深信其忠實可靠也。

該報所拒絶收受之廣告，大略如下：（一）形迹可疑者；（二）將無作有者；（三）字義糊混者；（四）攻訐陰私者；（五）只圖謀利者；（六）意在投機者；（七）事關穢濁者；（八）事涉迷信者；（九）醫藥有流弊者；（十）銷售危險藥品者；（十一）樣品須金錢交換者；（十二）其他有損讀者金錢名譽及信用者。皆視爲無登載之價值。

營業部之工作，分隸于推銷（circulation）、廣告（advertising）、會計（accounting）三部。

推銷部

推銷部在館中之第五樓，負分配報紙與全世界各定户及書報商店之責，全美各州三千六十五府中之二千一百四十三府均有多數之常期定户，以城邑市集之總數計之，蓋在八千以上。美國全境及美屬各島嶼，又加拿大各省及殖民地，八十七外邦，其中包含奥大利亞、泰希、馬尼亞、泰希蒂、阿蛇爾、朝鮮、中國、錫蘭、印度、日本、爪哇、摩里的、海峽殖民地、暹羅、蘇門答臘、巴西、阿高度、阿根廷、智利、非洲各國，咸有讀者。至于歐洲大小各國，自無待言。凡此遠近各地，該報於一年中，按日由汽車、鐵路、郵船送達，於必要時且用飛機。

該報之輸往外埠者，幾等于紐約市其他各報輸出之總數。星期日裝包運往紐約市外者，達二十三萬五千份；郵寄與書報商店及定户者，達八萬二千份。該報日銷之平均數約爲五十六萬份，而星期日則逾七十萬。此新聞紙之銷行，更有一難能之現象，則其百分之七十五，均直接寄於各定户者。

爲謀分配之無誤及推廣計，推銷部恒與郵局及書報商店爲密切之連絡，此巨額產量之輸送於本地及市周六十哩内之書報商店，用運貨汽車。外此遠至芝加哥，則包成巨捆，由火車載運。海外書報商店，則由郵遞。凡定閲之報紙，每夜第一版（或稱郵寄版）既印出，當即付最早開往其地之火車寄送。報紙出自印機後，立即在底層之郵件室中裝包，並在室中過磅，以備郵政記録。於是急急裝入佇候之運貨汽車，送往車站。美政府對于新聞郵件，每磅徵稅一分半。廣告則視郵區之遠近，每磅徵二分至十分。兩者逐日均有周密之百分記録。計算用正確之直綫量法（linear measurement）。每六個月寄往各郵區之份數，須作忠實之報告。其後六個月，即憑此徵稅。

附屬于此通信頻煩之推銷部及廣告部，並以備全館其他各部之用者，有五樓之旋轉復合排印部（Multigraph Department），每日可出開好封面及裝入信筒之信六千封。在同層更有鏤花印版部（Stencil Department），該報各種出版物之定户記録於此編製，各個定户之姓名、住址、訂閱日期、滿期號數以及所需之發行版本數，鎸于一金屬之片。除于此間印就包封外，此種鏤花空版更依照地段，分類送往郵件室，於發信機中，能自動將已經摺成郵寄形式之各種報紙，一一開就封面。每日約有二千五百鏤花版，備每日及星期報紙之用。供各種出版物之用者，數約十二萬五千。

該報對于各種出版物之出售，不許退還，故其銷數與收入恰合，不因經銷者之預得份數或過于所能分售之數而蒙損失。其理由即不第省却紙張之銷耗，且與彼經銷者以印象，使知該報係供求相應。此實可靠交易之最要條件也。

廣告部

該報經濟力量之大關鍵，厥爲廣告部。與發行部同在二樓，經升降機或寬廣大理石之扶梯至其入口。所見景象，有若鬧市中大銀行之事務所，其壯嚴華美及經濟力量，默與吾儕以深刻之印象。在入口處，有大理石之帳臺及柵欄，繞成半圓形，而發行部之收支室則衛以鋼製之門，及裝於鋼架之避彈玻窗。除胠篋者外，至此蓋不無深感興趣。

每晨兜攬廣告之全體職員集于廣告兜攬室（Advertising Solicitors Room），廣告主任以其關于是日之企圖，指定分任之人，次日各職員仍于此室報告其成績。館之五樓，邇復成立一徵求廣告電話兜攬室，有職員多人，終日忙于接綫通話。至于關于影寫、經濟及商業等全面廣告，復各有其特別兜攬員。

廣告之印刷形式，須經精密之審查，一如對于其内容之是否忠實，有專部主之。於各廣告之圖版稿樣，遇必要時，得獻議或强迫其變換改良，確謀所刊式樣之顯目，及與此報紙印刷之調和。久之登廣告者，亦知在此檢查之下，所登于該報之廣告，實勝于雜亂無章之一般普通廣告也。

每日午餐後，賬目部（Charge Department）職員計核登于第一版之廣告，結算其代價，送簿記部（Bookkeeping Department）部中逐日將廣告賬單寄出。整理及收款兩部（Adjustment and Credit Department）付款者之有無信用，藏有精密之記録，備隨時參考。該報因宕賬而受之損失，蓋甚細微。

營業部各項成績——檔案、該報彙編，與逐日檢出而備保存二年之廣告樣張，均藏于營業事務室閣樓上之成績保管處。凡於請登未久之廣告，要求改正或退金者，由請求及退金部（the Claim and Refund Department）管理之。

更有遞信處（Outgoing Mail Room），全館每日約八千封之信件，均由此經電力印機蓋戳——機乃專製以備此項作用者，每分鐘約可印三百二十五封——戳經郵局特許，可代粘貼郵票之用。另有收信處（Incoming Mail Room），每日所收之信數與發信相埒。二十四小時中，有職工三班，輪流將所收信件分送館中各部。

與營業部有連帶關係之供應及稽核兩部（Supply and Auditing Department）設于五樓及八樓。前者採辦館中各項用品（除印刷新聞之紙及印機油墨），其倉庫中所存之物品，爲數逾千種，各式文具有八百種。館務規模之宏大複雜，由此可見。關于各項物品，如電器材料、金屬器具、照相用品，下至門役所需之採購與支配，有日存之貨單備查。

第八層樓之稽核部（Auditing Department）檢閱各項簿記及計算書表，審定編輯、營業及機械等部之消費，爲數約二千二百人之薪給，亦歸考核。部員七十人，分組任稽核各部分之賬目，確算關于此規模廣大之新聞紙之各項製造及費用問題，如文具及美術圖畫之採購，分配之消費，以及器物之復置及修理，結果以簡明之數目字列爲表册。一加批覽，于該報之日常工作及其發育狀況，不啻如數家珍。

職員部（Personnel Department）

該報雖爲一營業之組織，然亦一勇于負責之公共機關。對讀者如此，對其雇用之大隊工友亦然。保持其健康與快樂，不似在彼冷酷無情之賃工政策之下者之無享受安樂之分，結果營業縱似成功，然悲觀而不穩定。該報主人則使其組織具家庭化，俾被雇用者咸能滿意合作。

直接于發行人辦事室下之三層樓大部分，專用以謀該報雇員之安樂與康寧。此雖未足盡見此大組織之各部分，擴而至于全館之一種家庭愉快及休戚相關之團體精神，然亦可窺見一斑。該報男女雇員服役時期甚久者，在全體中所占百分比頗大。此蓋非出偶然。薪給之優厚，他報固尚有過之者，顧寧捨彼而就此。其偶因受優給之誘惑而曾他就者，一朝復職，莫不有如歸故里之樂。

下表乃該報各部所雇用之二千二百工友中經歷較深者之服務記録：

十年至十五年者…………………一百二十人
十五年至二十年者………………七十九人
二十年至二十五年者……………二十六人
二十五年至三十年者……………二十九人
三十年至三十五年者……………十人
三十五年至四十年者……………九人
四十年至四十五年者……………二人
四十五年至六十年者……………五人

館中所非常注意者，爲館員之健康。爲達此目的起見，建築上諸凡透光生熱以及通氣之設備，必求其盡善盡美。耗費之多，在所不惜。各層均有特設之通氣導管，印刷及排字房中，油墨玷衣之工人藝徒，與他部之職工同有最新式衛生設備之休息室及大理石之盥洗所。光綫充足、隔絶塵囂之十三層樓爲醫藥部（**Medical Department**）。繚以粉垣，中有醫生室，醫生二人，晝夜于此輪值候診。有看護室，常川駐有看護二人。有新來男工人之診察室，有男工友治療室，備有醫藥及外科手術各設備。女工友另有同樣之診察及治療室。此外男女工友又各有設有病床之病室。

一九二一年八月十八日，爲慶祝發行人經營該報之二十五週年紀念，實行疾病衰老之贍金制（**sickness and disability and pension plan**）。雇員無需納費，在被雇期中，使遇身體不能工作而有服務十年或十年以上資格者，得領全薪及半薪各二十六星期。五年至十年者，全薪及半薪各十三星期。一年至五年者，全薪及半薪各六星期。在此制度下，凡雇員之繼續服務該報二十年以上，年齡滿六十者，經發行人許可，得退休領受贍金。服務二十五年以上，年齡滿五十五或被雇十五年以上，因傷病而完全失去工作能力者，亦可獲得此項待遇。贍金之標准，以最後十年工資平均數之百分之二乘服務之年數。最高額爲年薪平均數之百分之五十。最少每月有二十元。

發行人六十歲生辰時——一九一八年三月十二日——於館中創辦團體壽險制。凡雇員無庸繳納保險費，不幸死亡，其已服務滿六個月者，得受險金五百元。由此遞推，凡滿五年或五年以上者得一千元。至一九二四年三月十二日，此依服務時期分級之壽險金，最高額增至三千元。此項制度，最先其性質本爲發行人之一種誕辰贈品，以謀雇員之福利者，後此僅簡單宣告險金之增加。館内外二千二百餘職員，幾忘此爲發行人之贈與。是非具恢宏之度量者，烏能嘉惠其職員若此耶？

但該報職工非必至疾病死亡方享受贍恤也。一九二〇年，發行人曾補助創辦紐約泰晤士儲蓄貸金協會（The New York Saving and Loan Association），依照紐約市法律註册，而由選自該報各部之保管委員會經理之。其制凡雇員每股每月攤付一金者，自十一年起至十二年可得滿期存款二百元。第一年儲金者二百七十七人，股份總數達三千七百四十七。此協會並於第一年資助職工十九人購置或自營家室，其墊付之借款，爲二萬三千元。每千元每月付還十元，以在市内之地產作優先之抵押。協會又曾屢盡其義務，爲住宅地段之相度，產業之評價，營造之規畫及工程之監督，供給家庭之費，多至所需之百分之七十。協會成立第一年，備用館内房屋，不給租值，計所支出，逾儲入每股之百分之五强也。

爲減輕工友疾病死亡之縈慮起見，職員部常鼓勵同人作健康與快樂的社交生活。俱樂部中，時時舉行跳舞會與游藝會，令來自各部之預會者，至此咸興高采烈，無復以工作縈懷。

該報之十二層樓，有爲各部職工設備廣大之俱樂部，兩側爲寬闊之露天散步場。傍植花木，由此可眺望全市，且得極目北面之懸崖，南面之海灣。與俱樂部毗連者，爲小説流通室。而另一室之藏書，則因各部職工所需之教育不同而分類，俾便學習以增進其工作之能力，從而得進任更大之職務。

第十一層作爲餐館之用，一内容廣大之公共餐廳及發行人與其左右暨賓客之私用餐室在焉。此私人餐室，仿都鐸爾氏裝飾，用雕刻之橡木鏡板，寬闊之雙葉窗，南向用彩色玻片，描繪印刷工作之各種情狀。肴饌雖由公共餐館供應，但有私用之冰藏室與器皿室。

此大餐館有充足之光綫，來自室之三面，清潔華美，附屬有厨房以及器皿食料儲藏室等。供給膳食備有三等，即自動取食者、有侍者伺候者及便食者，以成列之杉樹隔別之。

潔白之雲石砌壁，與光澤之金屬容器及炊具，沿廳之一邊供給台後，閃閃發光。食料與食品室，亦同爲磁磚蓋造，着白色制服之侍者奔走其間。器皿之洗濯，備有電力洗濯機。在厨房中有戴白帽之掌厨及烘製麵包者四人，忙于爐火熊熊之傍。此間又另有冷藏之設備，以供給冷食及暫時儲藏廢棄食品之用。司賬者另有儲藏室二及一辦公室。經理之辦公室，可以照顧餐廳膳食之供應。有一頗饒趣味之特色，即職工每週薪水給未過十六元者，得購用一種初級餐券（junior meal ticket），其代價爲一角，而可持以取食五角之膳食是也。

執行辦公處（Executive Offices）

發行人之辦公室在新築之十四層樓，監督各部複雜之工作。發行人于各項事務及執事者均充分熟悉，不愧其爲此集團中之主體。

辦公室陳設修潔而莊嚴，自窗中可瞭望市心及東南北三極端。壁間張世界名人之署名像片——同業之發行人及主筆、各外國政府今昔之外交官吏、美國之新舊總統、大學校及神學院長，以及國內外各辦公署領袖——並有泰晤士附近之風景畫及該館在晴雨中之繪圖室。中有圖書架，庋置該報各種出版物。桌椅均胡桃木製，案頭常供養悦目之鮮花。其他如協理室、秘書室、會計室，均在同層。關于比較重要業務之推廣，咸于此計劃討論決定之。各室均窗明几净，陳設簡潔。

觀于紐約泰晤士内部工作之複雜與宏大，較其建築，似尤爲動人。如是錯綜眩目之事業，併設同一場所，使未身歷其境之讀者，則對此日手價僅二分之印刷物，初無奇于晨間之一杯香茗與麵包，而不知製造此日與我啓牖之一束報紙，其原料及工作，乃至廣泛而複雜。吾人試遐想，遠方當有幾多傭工，砍伐樹木，磨取纖維，以供製紙之用；幾許手工，忙于種種原料之製造以及管理海陸空之運輸；又須費幾許遠近才智之勤于搜集。有時且須冒萬難拼生命，無限之新聞方得無間日夜，續續由電報、電話、海底電綫及空中無綫電信，注入此有類中心蓄水之池，從而分布于此從未滿足好奇之世界。

據此館員告予，就該館所用新聞紙原料之一部分之巨額而言，已足令人驚訝。現所用之白色印刷用紙一項，每日總數爲一百七十四噸强，每年需六萬三千六百十三噸；其值日須一萬五千一百〇六元，年須五百五十一萬四千四百二十六元。日報及其附屬諸刊物，全年所發之職工薪數，約于此相埒。印報用之墨汁，每日計四噸强，即每年一千五百十一噸，價值日合六百五十四元，年合二十三萬八千九百四十五元。印刷間每小時能出印、切、摺疊、計數手續齊全二十四頁之報紙四十萬份，即每夜經過之五小時中，可出二十四頁之報紙二百萬份也。印刷間通常之工作，僅就影寫機一項而言，每週能印每張八面之紙約近四百萬張。

運輸及分配，每年所費超過一百〇四萬五千元，内郵資五十四萬一千六百十七元，快遞及火車運費二十五萬六千一百〇一元，自動車及運貨車賃資十四萬七千四百三十二元。

館内外二千二百餘雇員之薪給，每週平均數逾十萬元。每年合其它副刊之職工薪給，總數超過五百萬元。每年電報所費，合海陸兩項達三十萬元，每日約爲一千元。

如是紙墨、職工、運送三要項，每年支出已逾一千二百萬元，合之其它銷費，一年中逐日支出約近四萬元，每小時幾一千〇八百元，每鐘錘一往復，約半元也。

論其資産，則機械設置及館宇，合之泰晤士市區之泰晤士大廈及位於十一路四十四及四十五兩街間，購備將來擴充用之地産，投資已達一千五百萬元。至因「紐約泰晤士」四字所得利益之價值（value of good-will）猶未計及。發行人及幹部館員執有此公司股份之百分之六十四，其它雇員百分之二十五，所餘百分之十一，則任人認購，但每人不得過資本百分之一之四分之一。資本總額定一千萬元，内普通股（controlling valuing stock）一百萬元，第一八厘優先股四百萬元，第二八厘優先股五百萬元。凡此股份，原爲一種公司之自由分配，以爲發行證券之保證，或執有股票者之紅利，是故該報現在之投資，乃最近三十來盈餘之公積，幾無一文，非此報紙所收穫。

其尤堪注意者，爲今之發行人自一八九六年經理此報，得由破產之境而躋于精力彌滿、聲威鼎盛之地位。彼初僅一南城印刷所之幼年藝徒，後因經營一小市鎮之報紙，身份漸增，繼乃立足於紐約報界，顧地位不甚穩固。今則其力量及安全，竟無足與比擬。其由微至顯，及近今偉大之成功，許由其天賦之特性及家庭之教育，今乃以此運用于所指揮下之大規模的組織，紐約泰晤士發育之迅速，蓋完全且天然，可由此説明之。而美邦之際會風雲，亦莫非由於其國民之富于此種特徵。

逐日合力製造此報之二千二百職工，非僅由於偶然之被集合而謀工資之獲得。全館組織，無殊一家族。館員所享受之利益，如社交活動、醫藥、設備、住所及貸金之傾助、養老贍給、團體壽險以及其它爲團體謀安寧與健康之設施。咸非它報所能及。同時館中職工亦咸能確實認識自身爲此組合中之一員，社務之發達，須根據一種公正與負責之確定原則，事業前途之榮枯，與有深切之關係，此尤難能而可貴者也。

美人喬瑟夫（David H. Joseph）氏所著《〈紐約泰晤士〉之精神與發育》一文記述一八五一至一九二四年間之事，筆墨簡潔，足供其歷史上之研求，茲並迻譯大要如下：

《紐約泰晤士》創刊於一八五一年九月十八日，由芮門德、龔思及韋思來（E. B. Wesley）三氏集現金四萬元，賃奈沙街一百十三號（113 Nassau Street）爲館屋。其股權定爲股票面額一百元之股份一千股〔一〕。龔、韋兩氏各認四十股，芮氏認二十股，龔、韋兩氏除盡力館務外，各投資二萬元，芮氏則以其卓越之編輯天才以代投資。蓋萊（芮）氏於主 *Horace Greeley's Tribune* 及 *Courier* 與 *Enquirer* 兩報筆政時，已嶄然露頭角也。

報既確然成立。其報資總額乃突增至六萬九千元。

芮氏在其宣言中，主張此報應堅持一種政策，即中庸、穩健、忠實之理想，爲彼自身所信仰者，而卒致紐約泰晤士於今日之隆盛。彼謂紐約泰晤士之成立，非以謀任何黨派或個人利益之增進，保守與激進之缺點，均應力邀，當努力排除錢利之拘泥，以期成爲美邦最廉美之家庭報紙。

據馬佛立（Maverick）氏所述《芮氏小傳》，謂創刊號成于風雨不蔽之樓中，缺乏種種供應之便利。著者憶及于中夜傍洞開之窗檯而坐，從微光中，見芮氏助手於四壁蕭然之一室中，伏顛簸不平之案，致之于社論之著述，僅有閃爍之燭，支持于一木片之釘上以取光。本埠編輯及其他記者，咸操管爲勤，其形態半爲他燭所掩，而芮氏則本其平常習慣，俯首疾書，亦同在此設備簡陋之環境中也。

《泰晤士》于此寒慄之中夜，在傾斜欹側四面來風覆載之下，呱呱墜地，其第一號于翌晨出現于市間，爲一每頁六

〔一〕據後文所述，或爲「股票面額一千元之股份一百股」。

欄，總數四頁，定價一分之一刊物，每欄視今短狹約三分之一。顧印刷頗精，足爲其壯健之表示。其始晨夕各出一版，繼改爲每晨出先後兩版。外此又有《家庭週刊》（*Weekly Family Times*）銷行四鄉，但發行五載後，因車運之利便，日報已確能應窮鄉僻壤之需，至一八八〇年，遂不復刊行。其供鄉村讀者之《半週刊》（*Semi-weekly Times*）則閱時較久。又有加利福尼版（*Times for California*），遇有郵船開往舊金山時，輸于太平洋上之採金者以紐約及國内之新聞，其送達視今之該報以飛機運往加利福尼省者，其時日自不可以道里計。在該報初期，又曾于選舉總統之年刊行選舉運動特號（*Campaign Times*），政治色彩頗濃，新聞則漠焉視之。

創始時，用于機械之設備爲五萬元。第一年其他開支爲：紙張四萬元，營業及印刷兩部工資二萬五千元，編輯及訪員薪水一萬三千元，芮氏則支薪二千五百元。年終銷數竟達二萬六千份，故龔、韋兩氏之決意添招資本，蓋非無由。次年篇幅擴充一倍，以容納增加之廣告，而定價則改爲二分。此價值加倍之直接影響，即使銷數跌爲一萬八千份，但至一八五七年，此增價之報紙，銷數已達四萬份。一八五三年所付紅利亦達二萬元。

衡諸今之《泰晤士》，則奈沙街所發行者，不啻富爾頓所創製開往來常任之汽舟，但試想當時資以工作之簡單方法與材料，則此作始産物對之，亦殊可重視。今之日應續續穩妥輸運至館中之海電消息，及與馳逐之横過大西洋無綫電訊，以及溝通大陸之電報電話，在當時均付缺如。横過大西洋之海電，於一八五八年開始敷設。在初設之十年中，其作用僅能輸送有限制之簡單消息。在一八五一年至一八六〇年之十年中，來自郵船之歐洲新聞，領港船於芮市（Race）

岬接得後，以極簡單之大綱告紐約，故于刊行時，常附以編輯小言，謂詳細報告當于二三日後收到。蓋電報之寄值綦昂，故較詳實之消息，無不待事後郵訊之補充。通常歐洲消息，須三星期後方得見諸報端，而加利福尼省消息，則尤有明日黃花之感。報中第一版，恒載歐洲及華盛頓通信，繼之以書物批評及雜志式之紀載。日間則集其大要于第四版，續以戲劇及音樂消息及評論。電訊常載于社論版中。地方新聞及廣告，則見于五、六、七各版。經濟與商業之消息及廣告，則載諸末頁。讀者之須忍耐與勤勉，在此時視爲當然之事，初不須發行者加以鼓勵。以標題提示綱領，創自芮氏，前此蓋未之見。後再一八五六年，該報始一欄有標題，逮暴露吐威特（Tweed Ring）黨徒之役，始加標題至兩欄。當時讀者不僅流覽標題，而詳讀本事到底，蓋屬顯然。使彼等獲得消息。實非此不可。報端之有提要，蓋爲近代之報紙方式，自一八七一年至一八八〇年，始見流行。

迨入一八五四年，業務膨脹，虱處此狹隘之機關中，局促已極，於是有建築新屋之計劃。當青黄不接之秋，遷入一比較寬廣而仍爲賃借之屋中。地當奈沙及皮克孟（Beckman St.）兩街之隅，此與其中衰以迄復興前全盛時期（一八五八年至一九〇四年）所繼續自營之兩屋，相隔僅一箭之遥，但館于此者僅四年。

一八五八年五月一日，紐約泰晤士遷入更大之館宇，此於其營業及印刷兩部發展之需要，較爲適宜。第一次自造之館屋，坐落于舊勃立克長老教會（Brick Presbyterian Church）會址。當奈沙、皮克門兩街及與派克路（Park Row）相接而成之三角形中。一八八八年所建之第二館屋，今尚在其地。一八七〇年，杜威特黨徒偵知長老教會之售其地也，曾提出約束，謂須常以供宣教之用。竊思藉以逐走此對彼不斷攻擊之敵壘，但結果亦枉費心力耳。

此最初自造之館屋，在當時爲全美最精緻之報館。屋凡五層，高出市府公園八呎，卓然立于紐約上空。蓋今之泰晤士大厦及新築，其時既未建立，而此兩建築數里之周圍及其北部，亦遠不及今之繁盛。在慮事過用者目中，以爲當時派克路泰晤士之建築，實爲冒險，蓋此報之繁榮，雖可逆睹，但僅爲備編輯、營業及印刷等部之用。而構此巨大工程，未免鋪張太甚。《紐約通報》（*New York Herald*）之彭耐（Bennett）氏，當時對其報敵之成功，曾作譏誚之辭曰：紐約泰晤士今已匍匐而入華厦之地窖與閣樓中矣。

其實當時該報經理，自亦不無焦慮。蓋一八五七年，既不顧經濟之拮据，破土以備興工，但收入有限，乃首感之痛苦，一面向股東增加股本百分之六十，一面又截各種盈餘百分之二十以上，儲以供建築基金。縱悲觀之預言，結果適得其反。此項事業，未幾即證明其必要，且自此一帆風順，扶摇直上。然在當初，固頗費周章也。

倉皇迫急之新聞事業，其館宇及環境之淩亂無章，前此蓋視爲當然之事。此新屋乃第一加以改革者，專就地址而言，所費已頗不貲。據聞勃立克長老教會基地，在一八五四年，值僅十七萬五千元，一年後即漲至三十五萬元。至其建築及裝修，極華美而舒適，且具最新式之設備。當時雖窮極奢侈之建築設計家，亦曾不以爲報館應若是其宏闊也。發行部占底層全部，三面有門，通於街市，承塵牆壁，咸施精美之藻飾，地坪砌以刻花之雲石，全部均裝玻璃軒窗。一、三兩層，因賃人作事務所，此即彭耐氏識誚所自來。四層爲編輯部，有廣大之圖書館，陳列彙編之報章以及圖籍，並設公共寫字間于此。五層爲排字間。印刷部則在地層。

該報至此始克享其穩固之繁榮。時值南北戰争（Civil War），各通信員之消息，常較來自軍事機關之友報爲勝。新聞界之聲威，因而大爲發揚。而此堅決擁護林肯、叛徒目爲勁敵之紐約泰晤士，實爲其尤。幹部人員之報效聯合軍者三十二人，加入同盟軍者僅二人。當此暴動隨時爆發之際，此報暫時成爲一真正之武裝堡壘，以保護其所持之信條，並以防禦暴徒。館中裝置當時猶爲新發明品之機關槍三尊，以警備暴徒之乘虚襲擊。其時暴動之群衆，方到處肆其騷擾也。

當此戰事期中，該報增購印機，且于一八六一年七月採用鉛版。自動排字機在當時尚未發明，顧印件之華美，固不賴此。星期刊亦于此時期中出而問世，時爲一八六一年四月二十日，自此按期發行至今。凡此事業之擴大，兼之戰争期中電費之昂貴，爲前所未有。張紙輪運困難，價格大漲，其他費用，亦靡不增加。日報及星期刊遂於一八六五年將價值均增爲三分。兩年後，更增爲四分。此項價格延長至十九年之久。顧銷數日有增加，僅就一八六一年四月末後兩星期而言，已達四萬份。至一八六五年，内容擴充至八頁，每頁廣爲七欄，爲當時美邦最大之報紙。至一八七四年，更增至十二頁。

南北戰争後，因芮氏改變政策之結果，該報曾遭一重大之挫折，銷數鋭減。且因參加一八六六年之費城連合會議

（National Union Convention at Philadelphia），政敵錫以小毒蛇（Copperhead）之諢號。但經過時期比較非長，未幾即恢復其原狀。一八六九年，曾有人以一百萬元爲餌，圖收買該報而竟被拒絶。十八年前，芮氏年俸爲二千五百元，斯年已增至一萬元，而龔氏之營業經理，年俸亦增至九千元。

一八六九年七月十九日，芮氏逝世。繼之者謂彼實樹紐約泰晤士之團體的良知，後人應奉爲典型。芮氏故後二年，該報與杜威特黨爲詐欺案而開筆戰，曾發行副刊並附德文譯本，以便美籍德人閲覽。一週間繼續印刷五十萬册之多，國内外資爲談助。先是杜威特党曾謀用三百萬元收買泰晤士，以期消滅此行將揭露之劣迹，但所用以接洽之僞公司，龔氏於一八七一年三月二十九日曾署名發表宣言以攻擊之。龔氏辦報，非純以贏利爲目的，而資産却日以增殖。在一八七一年，每日銷數雖僅三萬一千份至三萬五千份，顧自南北戰争時起至一八七五年，十萬元資本之年終紅利，竟由百分之八十而九十而至一百。一八七六年，龔氏以十五萬元購得泰來（J. B. Taylor）氏所有十股，遂得統御全報。因建築及設備所負之債務，至此咸已清償。

自一八八三年起，泰晤士收入曾經一度降落，同時因其拒絶贊成勃倫（Blaine）氏當選總統，卒致脱離共和黨報紙之林。一八八三年所獲純利爲十八萬八千元，次年減至五萬六千元。而當克利扶輪（Cleveland）氏第二次執政時代，尤遭逢多難。顧仍牢守以新聞爲前提（The News First）之金科玉律，代價如何，在所弗計。一八八四年十二月八日，僅因當時曉有記載價值之美西商業新約（New Commercial Treaty with Spain）一項，所付海電，竟達八千元。

一八八四年，因館宇不敷應用，就舊址重加建築，是爲該報之第四家庭。在建造中，各部工作之進行不容停頓。當拆卸牆垣期間，有工友三百人，竟須在露天工作。一八八九年四月工竣，群以爲此可爲龔氏之紀念碑。此屋在地面下之印刷部，有華爾特印機五架，鉛板印刷機一架，備有引擎八、汽鍋三之機器廠一所。印刷部之上層爲郵件室，更上與街市同平面者，爲發行部。

兩年後，因龔氏之喪（一八九一年八月十二日）及此新建築所需費用之鉅，遂使館中經濟於一八九〇年至一八九九年之初期，一落千丈。在一八八〇年至一八八九年中，每年純利本逾十萬元者，一八九〇年，竟減至一萬五千元。營業費用既增，顧無現在之營業組織及會計制度，龔氏宗族營營於外産之增殖，而價格一分之報紙之争逐，尤足使此定價兩分之《泰晤士》易趨衰落。於是提高報價至三分，作最後之冒險，結果乃使銷數益爲減少。

一八九三年四月十三日，龔氏後人遂以此報售于一公司（**New York Times Publishing Co.**），其經理及主筆爲密勒（**C. R. Miller**）氏（任主筆終其生，一九二二年七月十九日作古）。當時與之合組者爲加來（**E. Cary**）及司品耐（**G. F. Spinney**）二氏及其他數友人。新主人所出與龔氏之代價原爲一百萬元，乃其後僅付九十五萬元，實際僅購得名義，地産則轉移于龔氏後人所有之另一公司。於是泰晤士成爲僅僅借居者，並其可收之賬項，亦讓渡于人。時則印機已陳朽，鑄字機亦租自他人。至其建築之本身，最近其主人猶引爲至高之榮譽者，未幾即有新建之廣厦崇樓淩駕其上，而遭重疊之掩蔽。新經理既罄所有以購此報，一八九三年，遂發生經濟恐慌，活動之資本不敷開支，營業降落，廣告頓時大減，而尤以經濟之廣告爲最。此在平時，固無出該報之右者也。爲維護此報計，作最後之掙扎，發行債票二十五萬元。損失既日增，未幾影響及於新聞之採集，自一八九三年至一八九六年，僅社論一版尚能保留其先前之光榮耳。於是企圖與《紐約紀録報》（*New York Recorder*）相提攜，詎知因密勒與加來兩氏方面收入銀錢職務之移易而離異。此時該報已入于最晦盲否塞之時期矣。幸忽有救星出現，其人爲誰？即今之發行人歐克師氏也。歐氏之從事報業，始于一八六九年。初爲報販，後充印刷所學徒。其經營紐約泰晤士也，改變組織，使其在穩固之立足點，迄今仍依爲根據，唯續續向上，力量日以增加耳。

歐氏於三十歲時至紐約，初于此報爲完全局外之人，先是十八年前，氏曾以二百元現金及一千五百元債務之承諾，而購得却泰瓦哥泰晤士（Chathannago[一] Times），至是已經營成一繁榮之報紙。其意以爲同此改造報紙之原則，用之小城市既可獲得公衆之信仰，而躋於成功之域，在都會亦何莫不然？其人雖僅偏邑小報之主人，顧于實際困難有豐富之經驗。其思施用手腕以謀改此衆望所歸不幸失敗之大報，固非滑稽好弄。

一八九六年八月十三日，紐約泰晤士公司依據氏之改組計畫而成立，資本定爲票面額百元之股份一萬股，其中二千股以易舊公司之一萬股，至舊公司延宕未付之賬項三百萬元，則以同額之新公司五厘證券作抵。另以值二百萬元之此項證券，照票面實售以爲流動資本之需，凡購一千元證券者，給予股份十五。歐氏罄其所有，並借貸以購此項證券

〔一〕原文如此，當爲 Chattanooga。

七萬五千元，因得一千一百廿五股，其餘則暫由第三者保管，俟此報紙能以所贏支付一切，繼續至三年時歸之。如成事實，則四年中，氏得於一萬股中，握有二分之一之股權。其因以獲得多數之股權者，爲獨出之實際報資七萬五千元，顧其更大之貢獻，乃在其對于該報之服務，及所與該報之經營及運用之新法。此未幾即爲人所公認，後此廿五年中，所贏幾逾一百萬元，其中百分之九十七，更投作資本，以供運用及發展之需，股東所取紅利，僅百分之三耳。

一八九六年八月十九日，歐氏于社論版署名發表其新制度下之新聞政策曰：

余最肫摯之目的，在使此報所載新聞，均出以簡明及動人之體裁，言必雅馴；消息較任何可靠之傳達機關爲迅捷，且不偏不倚，不以有所好惡或顧慮而受任何黨派或權利之支配；使本報各欄，成爲關心公衆重要問題者公開之會場。爲求達此目的，歡迎各界之讜論。

此具體的紐約泰晤士復興計畫，不久即次第實行。一八九六年十月廿五日，「凡新聞須使毋徒災棗梨」（all the news that fit to print）之標語，始見于報端，此蓋對于彼具有黃色新聞臭味報紙之宣戰書撮要，至今奉爲編輯圭臬，其良好之影響，不僅顯然見於此後之《紐約泰晤士》，且逐漸及於紐約全市及全國各報紙，可稱爲報業墮落傳染病之治療劑。其目的蓋茲欲此報勿汙閱者之目，而所載新聞，必忠實而具客觀，庶幾閱者可勿更購他報以求當日之消息。

當時該報銷數，雖云達一萬九千份，顧因未脱售而退回者，竟達一萬份。此不啻默許報販推銷他報及無退報辦法之各報。歐氏爲杜絶此弊計，特將退報辦法加以限制，未幾更完全取消。結果白紙之浪費，遂得以節省。隨同大報發行之説部小刊物，在此僅載世界實事之新聞政策下，停止刊行。又市場日報本宣登諸專載交易之報紙，因亦加以廢除，但增法庭日録、商業新聞及其他實用之分類消息。一八九六年九月六日創刊《星期雜志》，以代無謂之副刊。星期六《書物批評》繼之，於一八九六年十月十日，發行爲全國家庭、圖書館及各學校所歡迎。一八九七年十一月八日，更增《經濟評論週刊》（*Financial Review*）及來函（Letter To Editor）欄，後者蓋以便讀者發表意見，不啻該報家庭中别居之一份子也。

不久銷數及廣告均增。而報紙方面，則創廣告檢查制度，俾所登廣告與所刊新聞有同樣之價值與身份。於是該報廣告地位既高，求登者益見踴躍。《世界報》（*The World*）發行人樂仇氏有言，使報紙賴讀者輾轉介紹于其未曾寓目該報之友人，恍同圬者之砌爲牆垣，磚疊以磚。而因以躋於發達之境者，紐約泰晤士是也。

當美西之役（Spanish-American War），採集新聞之開支至鉅，此流動資本，本已感覺缺乏之紐約泰晤士，重復入于困境，但實際轉以啓牖此新發行人之覺悟。彼斷言是時許多讀者以本報定價三分，故勉强購閲他報，蓋其定價僅一分也。使本報能以同樣價格供人取求者，固有千萬人寧捨彼黄色報紙以讀《泰晤士》也。目之于該報四十七年以來，首次將價格減少一分，而立即效果大著。一八九八年九月，銷數爲二萬五千七百廿六份，至一八九九同月，一躍而至七萬六千二百六十份。小活字廣告，一八九八年爲二百四十三萬三千一百九十三行，一八九九年增至三百三十七萬八千七百五十行。自此增進繼續不已，今且十倍其數矣。

一九〇〇年，該報發行巴黎世界博覽會特號，此不啻其自身之國際廣告，所費雖五萬元，但非擲之虛牝。同年聯合通信社許其加入，二十餘年來，紐約泰晤士之發行人，迄爲該社理事之一，而兼執行委員。其時不僅重握此世界最大都市報界牛耳之光榮，一九〇七年且採用無綫電以作傳遞歐洲消息之媒介，乃近代新聞史上更進一步之設施。至後此數年，所給與裴銳（Peary）氏北極探險之鼓勵，及當航空術幼稚時代所以促進都市間飛機之往來，凡所匡贊，尤足表示其進步之精神。

該報歷史上最偉大之變遷，厥爲泰晤士大厦之建築及占有。屋址在四十二街及百老匯街，此後合之北向四十二街之廣大三角形面積，定名爲泰晤士市區。此實公認泰晤士宛如一公家之組織，而爲紐約市精神所寄託。其自派克路之遷于市心，實基于確實之見地。其地當新造地下鐵道之中心點，且接近新車站，報紙分配，因之可更臻便利也。但此次變遷，具重要而顯然之價值，尤在其建築美上留一紀念。二十四層之結頂，樸素尖削，仿佛老侖鐘樓式，上矗雲霄，高凡四百七十六呎。而此區域在泰晤士命名之下，其環境已形成一種新性質。先是其地僅有普通住宅及少數旅館與廉價之飯店，今則發達有若任何歐洲著名都會之中心，熱鬧繁華，城開不夜。廣街之市面，突由北而南，延長至泰晤士市區。此崇高潔白之泰晤士大厦之底層，入夜則四周光輝燦爛，由此向北，發展而成爲「光明之路」（Great White Way）。

與該報競爭者，後此猶堅稱其地爲郎蓋壽市區（Longacre Square）者有年，但其地向未正式用之，不若泰晤士市區之稱之普遍。數千地下鐵道之路警，日必呼此地名以告彼新來之居民及來自四方之游客。未幾此報與泰晤士市區一若百老匯街之與市政府，爲群所稔知，而定爲紐約界標之一。泰晤士市區既成爲紐約市輪軌輻湊之區，突增之無數旅館、商店及辦事處，咸以泰晤士取名，每年經過泰晤士市區車站者，平均達一萬二千萬人。

此屋於一九〇四年一月十八日行奠基禮，由發行人之十一齡女印置基石，至一九〇五年元旦始竣工。緣此新建築横跨地底鐵道，故支柱有植于路軌之間者，其地下結構所占之底積，尤逾地上三倍。而所應用之各層地積，總計之，廣當建築物面積之廿一倍。因工程之浩大，進行屢經困難，蓋該報在一九〇四年因派克路舊居之基地租期屆滿，而新屋猶未落成，于是不得不捨久與爲緣之地，而遷至同路三十二號。其未搬移者，僅地層下之印刷部。紐約泰晤士在獲御其華貴之新衣前，至此乃如彼流民之鶉衣短褐者幾一年。此暫時之居處，視鄰近其他避災之屋所愈無幾。因地位之逼仄，不得不將排字間設諸地窖，而廣告排字間，則另設于窖上一傾斜之月臺。此時所出日報，限以十六面，工作者日惟此舊屋傾覆之是虞，無異置身于悔過之所。

泰晤士大厦既成，登臨其巔，惟有遠識者或以爲此有若最後之豪華建築及設備，亦行將不敷該報無限之發展。其膨脹之速，初無人能預料，果也，瞬息八年，因事業之興隆，該報在其壯偉之新居中，又復跼天蹐地，不得不別謀建樹，以資擴充。因後有西四十二街泰晤士新築之建設，其坐落距泰晤士市區僅十步之遥耳。

但事有無可避免者，彼位于四十二街、寬街及第七路尖鋭三角形中之泰晤士大厦，容積尖削，用作報館，本不若供他種辦事室之用。落成時，即不顧彭耐氏「匍匐入于屋角地窖」之誚，以大部分出賃，自則除地下各層外，以底層及二層爲發行部及事務部，十三樓以上各層爲採訪部、編輯部、排字間以及善事部等。因業務擴張及分部增加之迫疾，頓感擁塞不舒，而以地下各層爲尤甚。印工不得不工作于緊壓的空氣及熱度之下，即機械之設備，初以爲係最新式而未充浮費者，至此亦證明已不適于報紙内容之擴充，及每日所需速度之用。於是此報不得不再度用鋼石爲新屋之經營，以安頓其更大之想像。

泰晤士大厦之建設，所費滋鉅。關于經濟方面之驚人，幾不亞於工程之本身。但其所以爲此報標榜及建設泰晤士市區環境所貴，尚多于其本身之營構。館中人及市民，在今日固均同此見解也。

泰晤士新築，工程既竣，該報在北美遂有其最宏敞最完美之報館設備。在西半球，足與媲美者，僅阿根廷之**La Prensa**耳。樓凡十一層，其式様完全適于報館之用，而與泰晤士市區内尖削之建築形式，復極調和，望而知其有連帶關係。其結構成一大正方形，爲全館之東半部，在今日高出其上者，乃樓三層及一塔也。

十一層中，本有五層爲備發展之用。詎知自將泰晤士大厦之各部遷入後，八年中，因分部之增加及擴大，且溢入購以備建築完全新屋之近鄰五層，尚有暫時擱置于大厦中之部分焉。同時地層下之印刷部及郵遞室，亦因此事業之膨漲，無可抵抗，同様擁塞。至若印機，則其龐大在先，似可應想像之所需，但因巨量工作，夜以繼日，續續增加，亦復聲嘶力竭，而終無法使之擴充，俾得措置裕如。

所以引起房屋及製作之新問題者，乃因分部之增加。一九一三年，增編年紀事、紐約泰晤士索引、時代史乘、星期畫報、半週畫報及大地寫真供給社。其中凡關于戰事之刊物，初僅擬在一九一四年作臨時之供獻，以滿足讀者在大戰時所發生之新興味者，不意竟成爲永久而且重要之一部分。在大戰時，日報亦復爲空前之擴充，以前除星期日外，每日篇幅僅限廿四頁，嗣增爲三十二頁，更進而爲三十六、四十四以至四十八頁。

紐約泰晤士最近超出預想之進步，可自下列各項數字之比例，得其一斑。一九〇四年，在派克路四十一號時，其館址面積爲二萬二千方呎；在泰晤士市區內之建築，則爲四萬六千方呎；在初期之新屋中，爲十四萬四千方呎；在現已完成之新屋，則爲三十一萬七千七百八十八方呎。一九〇四年時印刷之能力，每小時爲十六版之紙五萬四千頁；在泰晤士大厦內，則爲十六版之紙十四萬四千頁；在初期之新屋中，理想的爲四十八萬頁，實際則爲三十七萬二千頁，或每秒一百卅三頁，即每分鐘一噸。而在完成之新屋中，則爲六十五萬二千頁。

在初期之新屋中，除六重印機四架外，兼以八重印機一架，每分鐘同時印兩面之紙，長等于二百十三哩。或四架印機，每分鐘所印爲十一哩强。而五機所出，則爲每分鐘十二哩半也。繼續工作三十三小時，理想中所印兩版闊之紙片，可以環繞地球一周。在初期新屋中，實際出版廿四頁之報紙二十八萬八千份，所需之紙爲百〇二卷，重七十一噸，印刷僅需一小時。全部機件以電力運用，故其速度有類魔術。但如此可驚之速力，其控制及停止，僅須一按電氣安全揿紐。

尤奇者，此龐大而喧豗之機件之每一動作，目力縱不能辨，亦因電力而得紀録其數目，無絲毫差謬。

試回想此紐約泰晤士，在彼四壁蕭然設備缺如之奈沙街一一三號所發行僅僅四頁之創刊號，今乃進步如此，能無油然而生羡慕之念？顧對此神秘之成功，其解釋亦至簡單，即泰晤士所抱中庸、穩健、忠實之信條，日久爲公衆所認識，當然有今日之信仰與報酬隨之而至。

自序

居國外二載，就見聞所及，蒐材甚富。歸後即擬分別寫而為書，乃牽於俗冗，整理未遑。今將途中已編成之世界報業考察記一部分，先付手民，以供我國報界之考察與勉勵，使其深信一事之成功必在長期奮鬭以後，且非純粹營利性質而為對於公衆之一種貢獻。明乎此，則斯作庶非徒災棗梨。

Times 譯意為時，而舊譯均作泰晤士。Northcliffe 譯音為那斯克立夫，而舊譯作北巖。為求通俗，今仍之。又英美用金鎊或金元，與國幣兌換率比，消長甚巨，遂未加化合，幸讀者見諒。

中華民國二十年二月十日戈公振識於申報之尊聞閣

The Times (1

Williams

Fleet Street

42

出席報業考察記

(一) 倫敦泰晤士報參觀記

文六振

中華民國廿年五月廿六日收到

吾之言報紙者必推泰晤士(The Times)。抑若英文字勢力充塞宇宙向衰則崇于華衰。
既則嚴于筆戰。舉足為報紙典型。不徒有悠久之歷史而已。
一九二七年三月國際聯盟行政會在日內瓦開會。予由巴黎往觀。時國民革命軍崛起南
方。佔領南京漢口英租界。聲勢赫然。舉世震驚。英人尤甚。急遣大軍至滬。且駐屯
至租界以外。予憤英違反國際公法。訪英外相張伯倫爵士(Sir Austin Chamberlain)提
出抗議。適泰晤士外交主筆韋廉博士(Dr. Williams)因關心中英交涉。每晨皆來。
同寓日內瓦旅社。博士以熟諳東方問題。并向因夏奇峯氏之紹介。相
晤談中英外交癥結所在。博士以為聞所未聞。請續晤談一日。並約互相為文載于彼此報上。其中
華人士早得相當了解。
所歲十月。予以列席國際報界專家會議事竣。便道遊英倫。舍館既定。即致書韋廉博士
士。道願來觀泰晤士。旋得復函。謂極歡迎兄弟報(指時報)主筆之光臨。
泰晤士報屋在維多利亞街(Queen Victoria Street)。位于佛立街(Fleet Street)之東端。佛街為報館集中區域。其
地位在倫敦猶于上海之望平街。十二月廿四日。予由鄭鳴球博士。鄭氏係留英學生
會長。亦願藉此機會參觀。并至則先在客室中少候。即由韋廉博士邀至其丁人辦公室
中小憩。室不甚大。彼與其助手各據一桌。另有大桌一張。係展內書報并聯案有椅一隻。
閱于來方各報頗富。並有剪報若干盒。後觀各主筆室。均如此佈置。博士寒暄後。談及中國

Sir Austin Chamberlin

(Night Editor)　(Sub-Editor's Room)

時局。謂雖謂不啻變幻如斯之速，信為東方之謎。蓋斯時實廣大公正大誠共產黨也。次

詳述該館組織。計分五部。即(一)編輯部。(二)經理部。(三)廣告部。(四)印刷部。(五)出版部。僱用職工。

全体凡五千百人。

編輯部以主筆為之領袖。而輔之以內政、外交、財政、体育、法律、議会諸主筆。每日午後例

有会議，由主筆及各專家討論明日之報。應有若干頁。應以若干地位給與某某問題。及交

換對于某某問題之意見，而製成社論。其最重要之任務，為各同事自能密切合作。

副主筆室為此部重要机關。一切新聞均由此去取而增損之。蓋新聞來源不一。有電

報。有水函。有投自本埠。有寄至海外。又或有手寫者。有打字者。有照相者。有印刷者。又有

標題訛誤者。有文字欠雅馴者。有字跡潦慢者。有紙短幅長者。甚或有事太離奇及

例違法律者。均非加以範圍引伸而使成一標準形式不可。其功用若磨。然後由精咀

嚼而融化之。然後定標題。由打字機打成。每行字數與一摘所容者適相等。乃付排手民。

如是不特原稿清晰易排而已。且一覽而知所占地位之多寡。

新聞經過校對而成清樣。即陳遞分送與主筆作最後之訂正。然後組成大版，以備

印刷。設事後又有稿遞到。則由夜班主筆权其輕重。有必要時得抽出某新聞以排入之。

名曰改版。

語云。新聞貴新鮮。有如蔬菜、臭肉之不可陳腐。而儲蓄粟冬之計。亦不可不為之

備。此外北於泰晤士之參考室。而益易使人会其義意。此室儲外間不易覓得之文

件。西方報，如各文密的軍用地圖及可為法令之印刷物之類。以備編輯部隨時取用。其尤

宗贵者则藏以玻璃。蒙以绒布。防范甚周。故非馆中重要职员例禁擅入。估此室地位之半。有二巨橱。分立左右者。则为剪报。一以事为纲。一以人为纲。每一剪报注明时期及报纸名称。各自独立。或以厚纸裹以纸匣。以ABC为顺序。检查至便。特士为使余明瞭起见。请余任意取一盒。余乃取蒋介石一盒。则凡关于蒋之家庭出身言行及吾人对于彼之评论。几已巨细靡遗。使予惊叹不已。予故人如孙中山威尔逊等则盒之纸色不同。另保一隅。亦见管理匠心。吾人读泰晤士。每遇重要事变。常见其新闻中附有地图。此种地图。非必每次新绘。乃即有据册可于此室觅得者。若夫普通书籍。则藏于俱乐部。不仅资馆员检查而已。且供各家阅览。其规模之宏大。更可想见。

而编辑部为新闻来源则为电信室。与採访室。电信室中。排列收电机多架。不用信差走送。而电自能经过邮政局而传至馆中。又有一种交换式收电机。若打字机然。可自动收电。而一次打成原稿五六份。有时节费。至于此如体育主笔。尚另有专用收电机。盖欧人正当消遣。皆寄托于运动也。採访室则工作人员甚多。有专任国会消息者。有专任皇室消息者。有专任法庭消息者。有专任社交及游艺消息者。外埠则英伦三岛。每一城市。必有访员一人或二人。国外则已势有分驻及专属通信员六人外此世界各大城巿无不有其访员足迹。且皆为优秀之士。

访员之任用。大率经过考试。最初在馆中服务。以后则因其才能。逐渐遣至远方。特士谓泰晤士之访员。均如选富有学识经验而声望之士。每能不避艰险。务得一事真相。故彼等行踪所至。常为当地政府所注意。而发生出人意料之事。~~年如一九〇三年之恭~~
如最近驻华访员李顿氏

(4)

(Basil Riley)

咎。此亦不独在中国为然。如在一九〇三年之俄。一九二六年之土耳其。东西访员均被驱逐出境。又如在印度多被擒。在暹罗多被擒拿。在阿富汗多被逐。在土司东多被监禁。此种情形为时局促乱时所难免。

俄。一九二六年之土耳其均被驱逐出境。又如在印度有被捕擊者。在暹罗者有被逮捕者。在土司东有被士兵击者。又如最近驻华之英籍记者(Basil Riley)旅行郑州。忽告失踪。据官方侦查结果。断其已被谋杀。即去一证。予对于李氏尼里诚有同感。但很不容易得中国政府允许。擅入军事区域。特士又谓通信员转来之消息。未必完全揭载。盖有若干消息。常能从他方证明其不确。或事诚有之而足以妨害两国交谊及国际和平者。亦在删削之列。不过伦中并不以此为虑。摩电费且鼓励通信员健读报告内容社论时引为参考资料。有更深切之观察。

通信员之专递新闻照片及其他材料。其法不一。有以犁牛驮载者。有因急足走送者。有用汽车飞机运输者。有由水陆陆路传报者。伦敦由欧洲大陆间则利用自动电话。每晚可收受八万至十万字。又有所谓加紧急电者。正午发一向至远东通信员。千余时即可得复。故自犁牛至无线电。今虽同时并用。但科学上之进化。在新闻史上已不知造成几许奇异事迹。

泰晤士日报不以报告新闻谓已尽其职务。对于公众意见亦极尊重。故每日所得致主笔之投函。常在二百通以上。但选择綦严。其能全部发表者。平均不过十通。至多十二通。余则发表一部分。然亦不过此数。

此时教有人访特士予以谈话。为时过久。乃握手言辞。约期再来聆教。

一九二八年三月二日。予由郑鸣球特士再往泰晤士报馆参观。盖事前曾得其经理周旋

(W. Smith)

(Printing House Square)

(Intertype, Linotype & Monotype)

密氏出。谓韦廉士特寄上考究证但来时可不拘时日。

至则亦可并以证即有一位员出而招待。先参观广告部。等并谓此部临街近大门。

使为便于顾客出入又此部人员不惟专备顾客谘询代为画广告告以如何登载。而后可以省费有效及不违法律或侵犯个人或团体之利益。

泰晤士之广告收入以小广告为大宗。而取费则以地位性质为别。最低为车夫找寻职业。每行六字二先令至少二行以后每行一先令。最高为私人消息。登于首页上。一页并每行六字三先令至少五行以后每行十二先令六便士。两相比较。后者超过前者三十余倍由此可知凡事为一般之广告取价宜另厚于生计不妨从轻。

次由编辑部穿过有名之(Printing House Square)而至印刷部。等并谓编辑部之日间工作并居二楼。夜间工作并在楼下。取其与排字室接近不使有一分一秒之浪费。而方面装有空气压榨筒传递稿件尤为便捷。

印刷部中人平均每夜须工作九小时在此时间内几无一息之停因通历排字时字体版印刷诸室。觉其佈置与我国报馆无大差异。所不同者印吾人排字以手。彼等用Intertype, Linotype及Monotype等机械排字。

排字室有一股袖专司分配稿件彼在收发之顷必先在一路纸上作一记号此格纸俾表明报之摘数与行数并分到一稿件即将其所佔地位在路纸上划去。故稿件已有若干或尚缺若干可立报告于编辑部。

劉

校对室与排字室为邻。桌作一长条。每一小据上置铅纸，排有若干页并成捆铅字样。下端铅纸则由校对员负责，其手续有条不紊。

字并为表示其工作迅速，因举一千字为例，先读原文之新闻，交与一排字并须刻已将成铅字印出小样矣。当时郑君语予，华文字母又卅六，故欲十余人印刷排页之报纸，中国文字诚有改良之必要。

泰晤士在印刷上既有贡献，至现所用者，普通之美国R. Hoe印机耳。机共三架，每架一小时可印二万六千份。通例下午十一时半先印外埠版，由十二时半之夜车运出。故次晨在北方之爱丁堡、格拉斯哥等地亦得同时读泰晤士。自上午一时半起续印伦敦版。有重要消息随至，有时尚须加入，直至四时半为止。故在伦敦与在外埠所读之报纸内容常略有增减。

在以上诸室内到处见有漆板一方，左书页数，右书时间。故一工作已否告竣，由漆版可知。此不仅备稽查，且含有警告意，使群守法定时间，亦为一种重要设置。

伦敦报纸竞争既烈，各有其巧妙宣传方法。泰晤士除自摄成影片四出映演外，每日必有招贴遍布于通衢，将最重要新闻以诱惑之短语介绍之，使行人注目。盖欧人习惯，仅直接定阅之报纸，其他则临时购买。故招贴为不可少。

泰晤士所用之纸，系帝国造纸公司所供给。盖该报系公司股东也。纸之消耗，在报馆为大宗，为防垄断计，非自设纸厂即与纸厂有特约。此在欧战为当然之事。普通所用之纸，日久即发黄而脆裂。故泰晤士每日必印佳纸若干，名曰"Royal Edition"

及供给断绝

7

廿第一二份刷呈英皇陛下，另送英国博物館及世界大图书館收藏，備作歷史考據之用。可保存五百年。

泰晤士用紙皆大幅。每日常在廿四頁以上。重要新闻、目録、索引、社論及特别通信均排于中央一頁。故翻阅極便。其内容以性質言，可分為論說、詩詞、图畫、通信四類。以編制言，屬于法律及軍事者在第四頁。屬于体育者在第五頁。屬于国会者在第六頁。屬于拍賣及地產者在第七頁。屬于無線電者在第八頁。屬于英倫三島者在第九頁。屬于音樂者第十頁。屬于帝国及外国者在第十一頁。屬于政治者在第十二頁。屬于教育者在第十四頁。屬于遊藝者在第十五頁。屬于美術教務及遠聯者在第十七頁。屬于財政者在第十六頁至廿一頁。屬于航務者在第廿二頁。廿日告白排于柏克之新闻下或其右方。亦有一索引，且有所謂"广告新闻"者，乃帶营業色彩之記載也。

董事長室及会议室不常用，予等亦曾入内参观，見四壁備懸畫像，皆有功于該報者。又参观消費合作社，其設備有小咖啡館、煙酒茶点，無一不備。其資本完全出自工人。房屋由館供給。其設此種設備，不但為工人節省金錢，亦為報館節省时间，於双方均有利益。

泰晤士亦與世界大報紙携手，聯合採訪新闻。如裴尔德(Richard Burt)南極探險之消息，即由紐約泰晤士同用。大阪朝日新闻派飛机将日皇加冕照片付西北利亞火車寄英之類皆是。故朝日新闻有事務所在泰晤士屋內，紐約泰晤士之事務所則由泰晤

(8

(Westminster Abbey)　　(St. Paul Cathedral)

镜金街

豪家

为乡凡泰晤士所有一切稿件。彼等均可安意取用。因彼此无竞争关系。在人材经
济上两方节省有合作之必要。
泰晤士在伦敦城内设有分事务所二。在近郊有代版所数十。皆接收广告及订报处。
其在(Regent Street)之分事务所。又另设会员服务部（专备读者有所谘询。如今
日大风雨。英伦有开飞机与否。或明日伦敦市长就任之行列何时经过圣保罗教
堂。彼等均详为答复。因报馆为各种消息所荟萃。知之独早也。）
出版部在大内之右。其一独立机关。因泰晤士日报外又发行泰晤士週刊（内容为
日报中之社论插图附加以图解备寄往海外）文学週刊。教育週刊。商业及工程
週刊。法律週刊。商务三日刊及季刊等。此外出版之书籍亦不少。如欧战
文牍。战史及战时百科全书。瀛寰图志等。均极有价值。又每遇重要纪念则有增
刊。如一年大事述评。美术介绍。伦敦市之今昔。以及商务、汽车、卫生各种年报之
类。皆不另取费。凡照片之见于泰晤士者。读者亦可指名加印。其价较普通报馆
为昂。是皆该报事业之一部份。
泰晤士不仅用其伟大之势力于广告而更利用以引导善举。其最近常例以
英十为红十字募金。共数约四十六万镑。用于大战时伤兵之救济。又捐集
乃十五万镑用于重修圣保罗教堂。使此等古代建筑永免于倾圮之忧。
泰晤士现董事长为艾士东少校(major J. J. Astor)主笔为唐森氏(G.
Dawson)兼其谈及艾氏曾环游世界一週。唐氏曾旅行三万五千英里。即经理亦曾

(Social Bureau)

旅行三萬英里。蓋謂一館之領袖人物。必須兼具廣識。非惟熟諳館內事務而已。以泰晤士之銷數言。則不逮每日郵報（Daily Mail）遠甚。以物質上之設備言。而德美大報較優者亦殊有遜色。然以立論謹嚴取材精粹讀者非智識階級以外之界。故在國際間不失其領袖報紙之地位。世界由近代英國之運昌隆有一言而左右世界政局之概。但苟讀閱於泰晤士之記述。則自創始以迄今茲繼續不斷之努力。豈容忽視。爰不憚繁縷再從歷史上加以介紹。俾得去之[illegible]教學者知所考鏡焉。

Blackfriars
Printing House Square
Playhouse Yard
Dominican

(Charles V)

(一)報館及其地址

泰晤士報館(Blackfriars)之印刷所方場及戲場(Printing House-~~square~~及Playhouse-yard)乃此地名。均有其歷史之意義。Blackfriars之得名，因其地本為Dominican派緇衣之教寺，寺建於十三世紀之末葉。在泰晤士河畔地接內地且富史跡。十四世紀之初，愛德華第二嘗幸召集會議。(Edward II)一五二二年查利士第五駐蹕於此。一五二三年亨利第八復于此召集有名之黑議會(Black parliament)。後此十五年，寺遭解散。寺僧乃離此廣廈，舍其巨產而他徙。一八五五年改建泰晤士報印刷所時，曾發見寺中教堂遺跡。追寺宇既分租及割讓，作種種之用，佛宇梵宮乃一變而為商肆住宅。所成熱鬧繁華之小都市。於此置產者有莎士比亞(William Shakespeare)。其地當伊利沙伯(Queen Elizabeth)之朝，嘗先後有兩著名之蓋有屋頂之劇場，所謂新式之黑僧劇場(Blackfriars Playhouse)是也。其成立較晚者為莎氏劇團(Shakespear's Company of players)。(Henry VIII)伊利沙伯女皇嘗臨幸其地皇家教堂之詩童，於此獻藝。莎氏後雖不復自獻身手，然所參加之劇團猶于此役獻其傑作。而伊利沙伯時代之劇大家如(Ben Marston)(Fletcher),(Massingle)之作品首于此扮演。今於~~Printing~~印刷所方場~~Printing House-square~~之北則名之~~playhouse~~ ~~House-square~~劇場區之西壁，立碑為此兩劇場紀念。(Jonson)

~~-yard~~劇場區。即泰晤士印刷所所在地也。

一六六六年，其地遭倫敦大火(The Great Fire of London)之毀。後一年於此建王家印刷局(The King's Printing House)因有今名(Printing House-yard)。居于此者有~~□□~~ William Faithorne，其所作Charles I, John milton及Oliver Cromwell等之造像，尤為收藏家□。

~~□□□~~ 在此新印刷局中皇家印務員(John Bill)出版□□之報(The Parable of Vineyard)。

一譯誤最為The parable of Vinegar，此誤使一時之~~Baskett~~巴克□家集乃一優美之雕形。

(London Gazette)此為當時惟一之報紙。其後凡十三年，繼之者為(John Baskett)，有名之賠□。至任印刷人也。至任之賠名，蓋因第二十二章聖勒克福音之前行，有葡萄園之設喻。

Daily Universal Register
The Register

J Sol Walter

(George III)

印刷局于一七一六年至一七一七年分西巷崇引。一七三七年印刷局毁于大火。由此不久。改建泰晤士报馆工程中发见本已被毁之Baskett所印之诗文数页。一七七〇年印刷局他迁。屋遂闲废不用者十四年。迄一七八四年乃归于华尔透第一（John Walter I.）。自此此地遂由此氏族当作永久之商业。华氏即泰晤士报之创办人也。此后频加扩充改造。一八七四年及一九二〇年之工程尤多。今已拥有全区及若干邻近之建筑。现在泰晤士报馆之建筑系以一座有黑色图画之红砖（砖均以瓶自华氏所有Bear Wood地西之既制者之）及Carnich之砖用石建成。~~[illegible]~~

~~[illegible]~~

~~在Playhouseyard~~ 在车道之北有宅號其西自一七八〇年以迄于兹未久本为华氏私宅。今亦供报馆办公及其他有关系之作用矣。

（二）泰晤士时期印刷

华尔透第一（一七三八、九——一八一二）初为伦敦煤商。继业海上保险。美法之战。尽遭失资。一七八〇年之顷。遂致破产。乃在此时。氏得名（Henry Johnson）者。彼曾有成语活字印刷术之发明。获有专利权。所谓成语活字印刷者。盖合字母于一盘以代替各个分列字母之法也。华氏购得其专利权。加以改良。创立印刷厂于Printing House-square。报准承印书籍。而用此以印书籍。结果来使此项印刷曾进呈乔治第三御览。颇来图得其赞护。华氏以为此因美使富兰克林列名赞助之故。为扩充营业计。因思发行报纸。俾得藉以拓殖新体之印刷。遂于一七八五年创刊小报。名之Daily Universal Register。简称The Register。定价每期二便士半。努力

(Benjamin Franklin)

（译者瑞述口録）

"The Times"

（译文 ■■ 试（二））

进行至第九百三十九期後，价增为三辨士。斯时其祖传之表题 Royal Arms 两字不排
于上方，而置於下首处，以罗马字体排 The Times 之两字，後之泰晤士报实由此诞
生。上所述之变易，时为一七八八年元旦，乃星期二也。
泰晤士之报史，与其印刷之历史关系至为密切。华氏于其一七八八年三月二
十五日所发行之泰晤士报中，方言消息之当正确与迅速，而消息之正确与迅速固大有赖
于用机器以印刷之设备也。成语所字印刷术最旋而广叶，但华氏之广揽襟仲印刷实命
定其为印刷界之前驱者，其为新闻事业之先进矣。子华尔透第二（一七七六—一八
四七）先治贸裘学于 Merchant Taylor's School of Oxford 牛津，于一七九七年
及一七九八年间入泰晤士报，随一八〇三年任经理之职。次年不顾馆中印工之反对手工人
(Thomas Martyn) 之发明倡动印机，加以鼓励。一八一四年，身当印工致罢工之冲，领不
为屈服。於某星期六之晨揭贴通告，不数小时，招得来自六处分部之力数学徒及一
部局欲受雇，不向条件之下级工人，彼决意于人所尽力要不可成之条件，将一足论述
会之范则，躬自操作于排字盘印刷机之间，不稍辍，共三十六小时。星期一之晨，彼罢工
者方欣然集合，以广华氏之被制，蓦观出自此发行共手之报纸整齐合式，一如常时，不禁惊讶
失望，莫可言宣。如是此印刷继续出版，不换其前时各工人之局者凡五阅月。後此二十三年又有一
桩事可述：时华氏已为 Berkshire 布凯州之国会议员（日后国有要闻，至时为上午十时，馆中方空无人。
氏将文件译就，亲入排字间，卸去外衣，排印稿件。迄下午一时，此泰晤士号外乃发见于伦敦市中矣。
一八一〇年十一月二十九日，泰晤士对读者有如下之宣言：「今日之本报，读者以自有印刷术以来，有于其
改进，方面最大之实际结果，贡献于公众。读者现手执一编，为同时印成之数千纸泰晤士报之一，於昨夜印

Calverley　~~Applegath~~　Hoe

Kastenbein　Applegath　Goss

13-15

自机器出之

此次所谓机器不过一初次用蒸汽转动之印轴而今之(Hoe)及(Goss)机之胚胎由一工作于伦敦之萨克逊人(Koenig)所发明。此机器及使用之者均秘密介绍入泰晤士报馆，缘馆中印工曾悄悄将不利于~~Koenig~~及其制作也。于是应用成功之晨，华氏乃入印刷间告彼该种者本报今已用蒸汽印刷。

至所读示之同时印成数千份，实则当时之泰晤士报虽仅四面之小纸，然每小时~~Koenig~~机亦仅能出一千至一千一百份。但此机之采用，为以泰晤士为先驱之悠远之报纸发达史之初期耳。华氏以印刷及机器两部之责任付诸长于发明之(Applegath)及(Cowper)，第一次之(Applegath)机每小时能印四千至五千份，于一八二七年装置应用。一八二九年一月二十九日报始从廿四栏四面之纸扩充为四十八栏八面双叠之纸。一八四八年~~Applegath~~始制迴旋机，此于每小时中可印至万份。一八五七年始辅以初见之(Hoe)机一架，两者均继续用至一八六三年方代以印刷折张之(Walter)印机。~~Walter~~印机之特点有二：其一通是具有全页之弧形铅板，代附于印轴仅有一轴之移动型；其二以长达数哩之纸卷代须经两次手续以逐一放入迴旋机之纸。此机经(Walter III)(John C. Macdonald)~~…~~经理及总工师关税来(Calverley)之改断改良全完成，发明及自馆中。于一八七二年此机之一轴入美国，由一泰晤士报馆中之工程师于五日中装置之。Walter印机在Printing House-square继续应用，每小时印至二万四千件。迄现今应用最多之八重印机(Hoe及Goss)出，始取而代之焉。在Printing House-square所完成之Kastenbein排字机及其附件，后此以一泰晤士旧职员所发明之(Wicks)迴转铸字机补充之。今则又以自动铸字机及组合铸字机代之矣。外国同业有时……

~~泰晤士……~~

~~争论者以此界使有胜负之价值[illegible]~~

~~时代[illegible]~~

~~[illegible]~~

三、泰晤士与新闻业

世界最良之印机，而不能自良好之报纸。泰晤士纵有良好之机器，使无价值足称之材料供给之，则此新闻纸之史实，於今或已成陈迹。故其真实之沿革，仍当求之于其内容之记载，许如政治、商业、工艺、文学、美术、社会、生活、公私纲纪之申述，以及新闻纸之价值所在之正确之新闻。今试就其一百三十年史实中人物事端之尤著者，作简短之记述。

一七八八年三月二十五日泰晤士有如左之宣言。（不意创办人自述入新闻政策。）

「对于政治商业各界以及对于社会所发生之事件，作忠实之记述，此为新闻纸之职守。今所注意及此者，有鉴于我日报界之现状，谨之不事宣传，无所偏私，及启牖人心之消息，及正当之娱乐，以子虚乌有之事，充其篇幅，对于不孚公意之人事，滥造谰辞，尤可訾者，绝不根据事实，擅揑无稽之私人名誉，或于彼乃得公众之同情之职业身分，恣意中伤。报纸之发刊，当关心于恶俗之纠正，此为本报营业之信条。发刊以来，曾求公正之赞助，幸不为社会所弃。所蒙赞持得更大之拥护。今本报由国内第一流学者担任通信，竞臻进步，各部咸庆得人，使本报愿反复述及此诸人之姓氏，并敢言本报推引之广，当並世刊物所莫及也。议会辩论之记录，当力求正确持平，切实满足公众好知之心。本报访员人格高洁，自不能颠倒是非，以供政党之利用，或甘作政府之傀儡。至若国内外之政闻，则如本报之调处，无虞不能供给读者以最可信托及迅速之消息。

世界报业考察记

商業为国家競爭之根本。本报出版之初期，於此即有卓越之成績。因最近之努力，此後尚益

能供給充分之消息。

時代之風尚。凡雖有跡象可尋者，本報向採有力之描寫。凡上流社會发生之事實，不向

其为流行之诗習或通时之道德。当一如其本相记述之。

関于政治舞台之人物及各个集团與情傾向其之報告，當本向日之態度，不以怨毒有所偏

頗。不因好惡無常而為所左右。前其認為出其狹量之反動，後其則必加痛斥也。

摭言隐語，本報不容一字摘入。读人聪明及辱及無辜之言詞，並所屏拒。

本报致求公衆之维護。私信本此態度，盖以本報之赞助所企求之报償，当許充分獲得。

~~其中物雜其目的之新闻政策，从报纸之形式曲習惯，使適種種之变改，其利保由事今来有变易。~~

其初晨報之与泰晤士競爭者，僅三：The Morning Chronicle, The Morning past, 及 The Morning Herald 是也。迨 The Daily News 成立，其業始足与大泰晤士抗。泰晤士非在報始时即告成功，其时新闻事業，迨受报税印花税之阻，得泰晤士今日之繁荣，实由其独立之精神，華尔透第一之经营。其报纸也其特立独行之表见，盖非一遭。一七八九年，因蒙讥刺王子之嫌，被判罚鍰五十磅，监禁于 Newgate 一年，枷示一小时。並具七年之自新甘結。華氏于禁锢中，对于王子復为讽言。于是判纳更重之罰金，並增禁锢期限一年。一八〇五年，因报中（时由其子 Walter 二世主持）攻擊 Lord Melville 之海軍行政结果，印刷品之郵税优待遂遭剥夺。Melville 虽经鞫讯，旋即开釋。惟不復任職。但 Pitt 政府对泰晤士犹有未甘。政府所发之吉既遭撤消，國外快讯亦在海口被阻。因政府平员在 Gravesend 设立外國部员，專于泰晤士之信件也。事有更增棘者。先是泰晤士第一次派遣 Henry Crabb Robinson 为戰地通信员，先至依

派林逆耶

(Peninsula) 企盼其戰訊報告頗慶。但華尔透第二卒戰勝政府，彼組織其独有之院通信息方法，用鞋毋往来華法，自各處人之手獲得法报，又雇用匪私之船稱送包裹，用此方法，报中刊布之國外新闻輒早于政府接得官报数日。此舉有兩重意义：一則見泰晤士昶毅之独立精神，決心以任何代价同时表示其竭力企圖打破政府壟断海外消息之权。事之類此者，在華尔透第二主持泰晤士之長时期中至少尚有一事足述。法國當 Guizot 内阁时代，曾向泰晤士有提议，但被拒絶，用謀阻撓其东方通信。其时英人通常居于此也。華氏乃復寄信出一绝不接觸法境之路，遣人至蘇彝士守候来自印度之郵件，由是使其乘驛馳引至二百哩至 Alexandria，以郵件載于舡，引近 Trieste 海口之奥船，自此更取道 Ostend 至 Dover，乃由守候于此之車運至倫敦。馬華氏復不以其首先聘用所謂特别通信员為满足，規劃種種方法以捕取消息之無或延誤。為大寄系有備急用之訪員、手民与印工，居大的用手鈴一震，向户畢集，以听指使。其与他报之省時，不減于新时代报紙競争之激烈也。

在此搜访國外新闻之时期中，華尔透消息泰晤士為最先且唯一刊載议会辯论实勝井而於作奸犯科者之致查，尤绝不轻视之人也。

華尔透第二主持泰晤士，卒使不僅成為一地之权威。一八〇三年初任职时，泰晤士每其競争之三晨报销数之力大约相埒。一八一五年泰晤士销至五千份。一八三七年維多利亚女皇臨朝时達一萬份，視其三报銷引之總數力一萬五千份。一八〇一年增至二萬份，已多於三报銷引之總數。一八〇七年華氏作古时，销数為二萬九千份，而其他三报則總数僅為一萬二千份。此销数之增加未受价格增加之影響。蓋一七九六年之报价為四辨士，一七九七年增至六辨士，一八〇九年為六辨士半。

一八一五年列为七辩士，一八三六年成为辩士长。其后来之成份，盖其有原因，但流行之广，
仅足窥见泰晤士威权之一斑。華尔透第二之目的在不倚赖政府，不倚赖党派，甚至不
倚赖投稿者及广告。当其出生时，因泰晤士为不党之组织，获得威誉，靠在中心团（Left
Centre）一语，曾借以描写其地位。但终未降服于任何一派，攻击奴隶买易，拥护改革
诏教，又于其所载 George Meredith 之"十字路口之 Diana"说部中，宜学以浪漫
之色彩（是著者否认此故事为事实），卒以启发谷数限止令（Corn Laws）之撤废。仅
须考其对于国内事稳健之态度，便可知其非急进之机关。其势力之一部分由于
无人能预言其将作何语，惟知其必有所忠告善道及精确而已。因之政治领袖及两党咸
欲引为后盾。试翻论次之泰晤士，殊报其中显有不少要闻为彼当局者所授。
盖欲利用此威动舆情之利器也。泰晤士言论之力量，因華尔透第二属引
秘密之制而大增。彼既首创特约通信，又实行社论，此为以前未有之特色。社论係
以发挥泰晤士之意见，而不具以某某之姓名。
華尔透第二始终实行此匿名之规章，今之泰晤士虽似稍踰法度，顾犹匿名如故。華氏以不
少秘密社会之特徵及几许阴议之性质，应用于所制造之组织。秘密为其主要之原素。因
係及自抑为其不败之条件，使投稿者有时遭为孔受，但在报馆中仍相约相语识，至少有一投
稿者除華氏外人外未以姓氏或面目为主笔者所知。而比尔爵士（Sir Robert Peel）曾以泰晤士维护政府
之故，致函谢之，并道谢亦谓今致书于彼所未识之人云云。此时之主笔则託馬斯·巴尼斯（Thomas Barnes）也。彼在一
八一〇年，華尔透第二仍肩揽馆务一部分，编辑之责则已托诸约翰·施托达（John Stodart）其人。彼曾赐
武士之爵位，任 Malta 裁判长，富于保守观念。任职五年而去。Barnes 于一八一七年继其任，至终其

生（一八四二）。其八为一学年而富才能。当其任编辑时间有一至感兴味之事发生。即暴露巴黎之国际伪造犯之诡异之组织是也。时为一八四〇年。侦察此案之费用逾五千镑。在当时闻传于泰晤士之强募因为数巨矣。伦敦市民感激之余立即醵资如数。但华氏不受。乃用作 Christ's Hospital（基督医院）及 City of London（伦敦城）两名校之泰晤士奖学金。Barnes（纪氏）任职之末年。由本为巴黎通信员之（Edward Sterling）（施德林）补之。Carlyle 曾为作传之 John Sterling 之父也。传中"Captain Whirlwind"，即指其人。泰晤士之一度以"雷神"（The Thunderer）著称，或即由其笔锋犀利之论说致之。

一八四一年继 Barnes（纪氏）任编辑之职者为（John Thadeus Delane）（戴兰氏），乃一二十九岁之青年，於毕业牛津大学后，曾在馆中服务数月。父为爱尔兰望族，时任馆中经理也。华尔透第二斯时鉴未因年高而失其勇气。因交通方法之进步，教育事业之扩充，民治精神之发扬，报纸之势力愈增。Delane（戴氏）以毛羽未丰之青年，进而主持此世界最有势力之报纸，竟能克尽其职，能胜此重任，享此荣誉。其人美丰仪，谙世故，擅交际。喜宴请聆曲。每要人必名马珍馐及吹猎之乐，均所爱好。方其十九岁时，即崇表入世之全盛日。事可委诸人者，勿以自任。彼盖有其坚拔而指挥之天才也。加任笔政之十二年中，除提议数款限止令之宣言外，初无显要之事迹。迨逾一八五〇——一八六〇之时，报时已有完善之印机资其印用，出之翊赞，并有华尔透第三（於一八四三年继任经理）。名经理（Mowbray Morris）（毛立司）及（John Macdonald）（麦唐纳）诸氏识其时机已至。（Crimean）（克里米）之役，遣（Dr.）（罗素博士）William Howard Russell）往任通信。其人为政府所疾视而为舆论所称颂。当印度土兵暴动，美国政争，及普奥普法两役，先后任战地通信。此（Gerald Robinson）之继任，其所至均克显其战事通讯之长才，而其在 Crimea（克里米）之工作尤能

谭姆士声誉，彼不仅于战事之描写为前所未有。克里米(Crimea)冬令之严寒，被蔑军队之遭
遇，及其忍受之英勇，绘声绘影。更用其细密之知识及不挠之勇气，批评战地之英军司令
及国内之行政。凡所论及，富有刺激性。效力乃弥丰厚。戴氏本喜作评论。一一八五六年
美国派流匿塞氏曾往观光。一至是乃亲往战地募金以济伤兵。此举为一八五六年一
一九〇〇红十字募金之先驱，因泰晤士言论之影响。南亭格尔女氏(Florence Nightingale)乃出发至司克太里(Scutari)。
政府卒亦觉悟其蔑视出征军队之罪恶。
一年后人咸觉泰晤士时方坚持其一种主张。此于其地位影响颇非浅鲜。即印花税之废除是
也。当时泰晤士之财力纳税本裕，但仍深恶征税及于新闻纸，乃对知识教育真理公意善良之
风俗善良之政治，征税必须立予废止。结果印花税遂以取消。而报价亦于一八五五年由五
辨士降至四辨士。一八六一年报税之撤消，更减至三辨士。于是此不列颠民意代表机关及国
内外新闻之有力媒介物，方有无要自刺之权，遂尔打破不数年间国内
各项税律之废止，引起不少廉价之竞争者。但阅销之数仍继续增加。（一八六四年达六六〇〇
〇份。）因戴氏退休，继之主笔政者为成素理氏(Thomas Chenery)，牛津之阿拉伯文教授也。
巴黎访员卜洛维氏(De Blowitz)之新闻供给，向为大英。卜氏于一八七三年继劳伦斯(Laurence)
奥立芬(Oliphant)之任，自其以得洪法外长戴克石氏(Duc Decazes)之消息，泄露德法间之战争因而
消弭。一八七八年柏林会议时，卜氏戴守秘议会消息，至著侯东易帽（公文藏之帽内）由其国以资
泰晤士发表人所不能得之新闻。（如发字节之柏林条约全文等）洪才法以及俾士麦(Bismark)如何
佯索于会议桌下及其他种种之秘闻，足于此类名新闻家传记中者，均为人所乐道。泰晤士之
排遣实在其决心以作何代价获得新鲜及正确之消息也。

戊己

Chenery 卒于一八六四年。继之者为牛津大学万灵学院(All Souls College Oxford 卜克尔校友(George Earle Buckle)人主笔政时年二十九。一九一二年九月去职，任职凡三十年。去职后仍被延修比肯斯非尔德爵士(~~Lord~~ Beaconsfield)传记。竟已故职员孟尼彭(W. F. Monypenny)未竟之功。其时

河□(Arthur Fraser Waeler)已继为泰晤士主人。今之报主则其子华尔透第五(John Waller V.)及 ~~Major the Hon. J. J. Astor~~ 艾士太少佐也。按泰晤士为今之华氏高祖矣，当已有显著之变易。

~~适应近世新闻事业进展之需要~~……也。

一九〇八年有新旧识之公司收据纸及印刷事业，已故之北岩爵士(Lord Northcliffe)为其主要股东。一九一二年卜克尔(~~Buckle~~)去职，继之者为一万灵学院校友道森(~~Geoffrey Dawson~~)，曾任南非洲任米勒爵士(Lord Milner) ~~in South Africa~~ 之秘书及约翰内斯堡星报(Johannesburg Star)之主笔。一九二二年北岩爵士(~~Lord~~ Northcliffe)作古。华尔透第五及艾士太少佐购得其股权，道森(~~Geoffrey Dawson~~)再主笔政。一九二四年成立董事会，以保障泰晤士报股权未来之移易。董事均现任要职者，举之如左：

日常经理与方管业不……

大理院□□□院之长

牛津大学万灵学院之长

王家学会会长

会计师总会之长

英国银行总裁

董事会按照例得准许或否认任何移转之提议。以维持泰晤士报之传统方法。

其对于政治方面之独立与维持私人利益无害，谓之为国且得最大合理之协助。消灭私人之野心及权利之事也。盖鉴于此后泰晤士秘密收买之事。

藉以维持其永久独立而不偏私之精神也。

泰晤士不仅为一单调之新闻纸。今则更于日刊外每周发行文学教育增刊、工程增刊。泰晤士周刊（内容为日刊中之要论新闻及文学，并加图解，印备寄往海外者）。泰晤士索引、泰晤士法律报告（由一辩护士编纂当法庭开审时每周刊行）。又于讨论经济商业之定期刊物外，别出商情，每年发行六次。又其战论及辩论丛辑，战史及战时百科全书，大战本愤史，大特图解专号（讨论外情及特殊之国事者）。及最新识国志，皆其部分之事业也。尤有进者，泰晤士不仅用其伟大之势力于广播知识及其健全之观察，更扭扎用以别营善举。其晚近历史中最足自豪者，为红十字募金集款，银一六，〇〇〇，〇〇〇镑，以用大战时同盟军伤病者之救济及捐及金用于惠司敏斯特寺，使此建筑等永免于倾圮之危险，并供圣保罗教堂复兴之用两事也。今设欲开列彼名著作家及活动人物之曾投稿泰晤士者之名单，事固非难，但此乃有妨泰晤士之精神。又设欲将名流对于泰晤士发表之意见，无论其为热烈之称颂或无理之谩骂，辑一丛书，事亦甚易言。又称颂毋谩骂两者，实均为泰晤士所坚持之独立精神，以维持可以获得之权威之证明也。

Alfred Charles William Harmsworth

(Mary Elizabeth Milner)

附北岩爵士小傳

北岩爵士近代報界之奇才也。一九二一年十二月來遊我國，日報公會同人在新聞報館開會歡迎。予曰與爵士有一面誼。其偉岸之貌，與警闢之言論，至今猶憧憧于腦中，弗能忘。爵士生平嘗有泰晤士為務，而終達目的。故予述泰晤士小史，而以北岩爵士小傳附之。

於是紙在英國報界之霸業成，而於大戰時對於宣傳，為祖國立奇殊勛。

北岩爵士，愛爾蘭之杜柏林(Dublin)人。一八六五年七月十五日生。原名威廉，姓哈士華(Alfred Chàles William Harmsworth)，後因襲爵乃稱北岩。其父係名律師，善辭令，精文字，常投稿于柏杜林週刊及歐美各報。其母為蘇格蘭大家女。聰穎明慧，讀書不倦，於音樂尤擅長。生子女十四人，北岩其長也。北岩事母至孝，終身不離其左右，故北岩之成就，又以得母教為多。一八八八年，娶商人米倫氏之女(Mary Elizabeth Milner)偕婚。

北岩十一歲入司丹福中學(Stamford)肄業二年，繼入漢伯司地中學(Hampstead)。在校中發起一小報，而全用寫手，後改排，活字皆北岩自為之。至今其報尚有存者。同時又投稿當地一日報，所得報酬甚微。然彼在學生時代已能表顯其新聞記者之天才矣。

父母欲北岩入劍橋大學，北岩謝置之，因聘一教授在家攻讀。

北岩少時嗜運動，除各種球戲外，又喜駕自行車。北岩之記者生活，由日俱進。常為自由車新聞(Bicycling News)、地球報(Globe)、兒童報(Young Folk)之訪員，又由國學遊覽各國，以廣見聞，沿途作文寄各報。十九歲投書報(~~Illustrated London News~~)主人所辦之青年(Youths)，以可貴識聘其為副主筆。每星期薪水一鎊有半。青年係一教育報，發行未久即停，故北岩接管泰後。

時士[illegible]特創教育週刊。

北岩在此时报界渐露頭角。晨报至傳门日报(Morning Post)之主人皆樂与为友。一八八二年北岩於家居倫敦。所以投稿為[illegible]其知友中有北菲洲探險家華德及大小說家貴譜坊。晨报用彼之稿甚多。每期酬以二磅。北岩在小說方面喜讀司各脫狄更司等文名著。因兼攻法文报而[illegible]法文。

一八八五年受伊里福一家之聘。襄理中原日报(Midland Daily Telegraph)之事。於是北岩得知办报之營業手續。能為其設法推廣銷路。其主人頗相合。彩时北岩年方弱冠耳。

北岩積資千磅後。仍回倫敦。刊行二小報。一名生活千法。一名鐵路大全。一八八七年[illegible]創一叢刊机闻。翌年六月二日刊行一小报名曰答案(Answers)。銷路甚暢。未久收併該小报為聯合报纸公司(Associated Newspapers, Ltd.)之基礎。其二弟哈者(Harold)後称罗子美爵士(Lord Rothermere)亦投資若干。至今尚為英國报界重鎮。北岩當时得以[illegible]其全部精神用于編輯方法。投稿皆一时知名之士。首推蕭蘭[illegible]耶奇尔等皆称道之。每年盈餘五万磅。一八九二年答案销数每週達一百萬份。

一八九四年八月北岩收併晚报(Evening News)。此报乃保守党三十万創办者。以折[illegible]而改组。北岩力加整頓。並得其弟之襄助。第一年即获利一万四千磅。是年北岩曾派一国体往北極探險。

一八九六年五月四日北岩創办每日郵报(Daily Mail)。每份只取价半便士。電报拟多且皆名人执筆。英國报界空氣為之一新。及南非洲波尔(Boer)之戰。已日銷六十万份。一九〇九年在巴黎出時同日出報。又在巴黎出附刊。每夜由電报傳倫敦總館[illegible]印

以学业方面为所託。

哈者有[illegible]大才計
贏之天才也。岩
學識彼小人也。乃
加法扣[illegible]平。
故舒[illegible]夫業
而[illegible]大[illegible]

息。英报纸之地方版。实自此始。今每日邮报之销数已超过二百万份矣。

一九〇三年北岩又创办每日镜报(Daily Mirror)仅以图画为主体之小报专备归女阅者。英报之有妇女报亦以此为嚆矢。一九一四年此报始归其弟办理。

一九〇五年北岩得男爵衔。翌年与其弟合资在纽芬兰岛之森林区广拓地三千方哩。利用大瀑布水力设立造纸厂。装有二万三千匹马力之透平电机并造轻便铁道以达海口。其规模之宏阔居世界第二位。

北岩不以此自满。其处心积虑。在时操纵泰晤士时报。适以误[illegible]伪造[illegible]国函件大失。今誉遂入于衰落时代。尤因处境困难。而漠视一切。故不免暗中排挤。先是泰晤士既坚拒各晨报以廉价竞争。一时故于每日电讯之出版。毫不介意。北岩尝言。每日电讯(Daily Telegraph)以一八五五年继续其形出现于舰街。一八六一年以得美国内战消息。击败泰晤士后。军身价满矣。然泰晤士报尤以自[illegible]而不因此减其发达之机。迨普法战争发生。所得消息远过于每日新闻(Daily News)。于是声名大噪。故在一七〇至一八七五年间。泰晤士几为有名之报纸。而彼方减色。销数远落其后。并为多购他报一二种。俾免遗漏重要消息。主事者竭力支持。然收入有一落千丈之势。且尝设立图书俱乐部。以图补救。其定章凡[illegible]年纳四镑十八先令。除阅泰晤士外。且可借阅馆中图书库之各种图书。不另取费。此制实行后。匪特效果甚微。且转增烦累。蹉跎多年。渐难维持。当事急时。为北岩所知。乃加入资本。为大股东之一。而如愿以偿。

阅日。亦外间方之人知。此一九〇八年事也。彼握泰晤士进行。非常秘密。对外毫无动静。直至南非战后。适因舆论[illegible]。北岩知时机已熟。乃聘旧主人华尔特为董事长。[illegible]董事。[illegible]为有洽联。

权之诉之检阅

修理房屋，添装新式印机，加聘编辑及访员，由斯泰晤士内容改观，使读者耳目一新。北岩仍
拟定独立宗旨，遇事必由各主笔会商，毫不专执，但为重要关节，有发表其主持之必
要者，则不稍假借。
泰晤士之组织，至斯乃成最完备者。各部由专门家主之，而北岩自总其成，对于编辑
方面，且实行增加薪水，增少工作时间之政策。泰晤士经此改革，销路较前增至四
倍以上。
创办人之曾孙华尔透氏在泰晤士本占有股份卅万股，旋因与北岩主持不同，乃
将卅万股以半价售与北岩，由该报完全脱离关系。初北岩加入泰晤士为股东时，曾由
华氏订约，设若有不讳，华氏有收回该报之优先权，其价值依其所赚到盈而
定，但至少每股十先令。今华氏之股既尽归北岩，对此项优先权当然消
灭。惟北岩遗嘱中则声明此项优先权依然存在，北岩遗嘱立，支配其遗产时，乃发生一
法律问题，即华氏是否可依遗嘱而要求优先权，抑法庭可判决华氏售出其股
份后，其优先权业已消灭。当经北岩财产管理员请求法庭判决此问题。在法
庭未置当时，英报界长袖善舞之流，纷纷图收买泰晤士，北岩之二弟
罗斯米亦为竞争中之健者。华氏主有该报之心复热，但既卖出其股权，是已失其凭藉，乃
复设法集八十万股而为一小股东，但氏因资小，有产尚不足与抗争。幸华氏泰晤士董事
与该报不愿该报为任何报纸团体所操纵，仍为全国舆论中心之代表，保持超然地位，遂力
为华氏后援，由彼等介绍得伦敦市长之同意，以巨款资助华氏，虽不美舍士，遣此劲敌气
不少。旋据云彼愿以英金百卅五万镑为泰晤士之代价，此事由经法庭，关于华氏优先权一层，法官

26

於中判斷。認此君適為管理員。一方應以最高之價出售。一方華人亦應有任何價格競爭之機會。當今德林美爵士以書面記其能出之價格。爵又增十萬鎊。共出一百卅五萬鎊。持有內華爾達人亦能出此數否。華人自得各方面之贊助，或能出。於是奏噶士乃至入於主人之手矣。華使華人不先售出其廿萬股。則倫大伏先權收回此君股份。而股僅須十先令。今則此君及彼自己所有之股份皆須出之。信之價值回。然須注上言損失殊鉅。惟華人及其同志。欲使奏噶士恢復其舊日面目。成為代表粵籍之機關。對于政府存乃另別另。至于淨有地位。則此為一種愛國之業。不如純以商業眼光視之。因此若宅心忠厚。予華人拋棄其股份。而仍保留其伏先權。亦[illegible]。不可得也。

26/39

~~新中判断谓北岩遗产管理……十万者以最高之价出售……有任何竞争之报~~

~~余……美尊士以水百记艾顾出之价将尊……十万镑~~

北岩之国际见解。在南非战前主张联德。及一九〇〇年后。知德甚恨英。在竭力扩张海军。乃改变宗旨。时鼓吹联法俄而执美。尝大声疾呼。警告国人以德人之野心。不以裁减英国海军为然。

北岩早知飞行之功用。一九〇一年由每日邮报悬赏。有能由伦敦飞至孟卻斯特者。奖一万镑。一九〇八年有人得之。是年又第二次悬赏奖一万镑。一九一〇年第三次悬赏一万镑为飞渡大西洋。必英人驾英国制造之飞机。北岩第一次在国会演说。即主张政府应拨巨帑提倡飞行。彼又注意潜艇。曾亲自入水二次。

欧战时北岩曾亲至前线任访员廿十余次。一九一六年三月九日凡尔登之战。北岩与裴丹元帅会商守法。知德决难攻破。遂通告各国。北岩又曾至瑞士慰问被俘英兵。其夫人创办医院。自充看护。所募红十字会经费亦由夫人保管。

一九一五年春因军火缺乏。北岩力攻吉青纳。政府取缔无效。於是由艾士葵斯内阁。但北岩素主张强迫从军。翌年艾氏亦被攻而倒。由乔治继之。组阁北岩入阁。彼恐言论受牵制。未允。一九一七年美国参战。任为驻美大使。力辞。乃陆军部派委员团赴美。始与美政府周旋。以巩固英美感情。及归国。英皇嘉其功。升授子爵。

是年乔氏聘北岩任航空部大臣。仍坚拒。及一九一八年二月。政府设敌国宣传局。聘为局长。北岩就之。先后游说德奥人。均著奇效。德政府恨北岩入骨髓。曾派飞机至其居所上掷炸弹。

一九二一年。北岩周游世界。所到之处备受欢迎。在澳洲有白人澳洲之主张。在印度识破甘地宣传之危险。在日本警告世人以日本之野心在控制中国。在近东预料土耳其人将再活动。在埃及则希望甫放。

当时报界多非笑之。以为愚妄。但是

28

在猶太鼓吹和平。又此行间接关係于太平洋会议之成功亦匪鲜尠。

北岩则反对英日同盟。百折不挠，力持同盟足以危害英美友谊之说。盖鞏固英美友谊，

乃爵士终身之愿望也。其在中国曾发表宣言如左。

"予于在日本受盛大之招待後，发此宣言，似非投桃报李之道。然予在澳洲斐列滨时，对

于排斥美国挑拨战争之英日同盟之续订，已表示极端反对。今予惟从良心为之耳。

英日同盟为日本军阀手中之利器，持以为护符，耗费人民收入半数以上以经营海陆军

及炮台。日本若无此同盟，则不敢对美作骄態。華人因受日人之压迫，乃转而责难英人。

故在華各英商会及在远东之英美人士，群对同盟提起抗议。

英日同盟所得之恶果，即日本军阀藉其势力以戕杀日人所欲得真正民主政府之志愿。

箝制言论自由，取缔无数集会。其所授制之警察及检查员，任意为之。

有故多日人对予言，彼等痛恨日本之摹仿德国之武力主义。所谓国会者乃一滑稽剧。

其威权不逾于德国国会。所有日本之政权绝对握于少数人之手，即所谓元老是也。毁弃英日

同盟即可剥夺彼等权力之半，惟今後数年间尚须受彼等监视耳。"

又发表一论文，痛斥日本之野心关係于中国极大，亦译如下。

"君若披览近东近代之远东地图，表示在英日同盟时代之一切变更者，即可知日本现已控制自上海

以至库页岛之东亚海岸。其在海参威，则控制麦考罗夫政府。其在南半部库页岛，

则盘据甚固，而大连旅顺又皆日本之港口也。日本在青岛及获断中国圣神富庶之山

东省内延长四百英里窎远直达济南之胶路一带，均据最优地位。日本在济南设有

無線電站及兵营，距津浦路線不满百碼之遥，此为军略上极重要之地。日本军队

世界报业考察记

竟驻屯万余。彼等在该处纯为普鲁士式耀武扬威（虚饰）为彼所自有。外此在中国内地日人亦有根据地。如广○。附近设有一无线电台。在铁矿附近则驻有若干兵马兵。试一设想。如外国军队驻在旁资堡。并设无线电台。则将如何耶。故日本不离去山东则远东之和平无望。而远东之和平即世界之和平。因英国在威海卫。美国在菲列滨。法国在安南。对于日本之任何企图或于军事上或经济上控制远东。而贯彻其已经成绩卓著之野心计画者必须准备抵抗之也。

日本外交家之甘言。毫无意味。英日同盟目的之一。非维持高丽独立乎。今此独立安在耶。英日同盟之全部事实。无一非破坏诺言。日本在盟约下。誓言助中国门户开放。今此门户已为资有津贴之铁路及汽船所闭。此等铁路及汽船则为日本政府所主有或控制者也。日本之成就此等军事的或经济的野心。英日同盟实赞助之而非制止之。日人在中国之宣传。结果奇妙。故中国政治家。尝谓英日同盟废止。将有英美日三国密约继之。此完全受日人诱惑。予不欲言在中国印刷之报纸为日本所控制者。究有若干。如日人自任编辑之北京报。以英字印刷之华北明星报（North China Standard）即予初见之一种为所感。盖该报俨然一美国式之晨报载。英美消息较多也。

据此间所得华盛顿消息。似会议已为日人所催眠。此或因海电太贵。英美电讯皆极简单之故。华盛顿会议为日本军阀之第一棒喝。彼等初被表示反对。自爱国之华人。虽对华盛顿会议。抱有希望。然不信

30A

任其代表。因彼等至日本势力之支配也。

北岩专作文，每日必书千字，其笔法整洁而简，指挥其手下报纸，并皆切实可行。平居每日上午六时即起工作，直至晚九时始休息。生平喜读法文书籍，尤注意德国事，其知书知德文，并必将德报要闻告之。其尽去接物和蔼可亲，故职员多爱戴之。

北岩游戏之事有二，即击高尔夫球而驾驶汽车，自开一球场，每日操练之。有时亦以钓鱼取乐。

北岩体素弱。一八八〇年，自自里司托乘自行车至伦敦，途遇大雨，且未进食，因而得肺炎症。中经大战之劳顿，一九一六年冬，患喉症，失音，曾往德国静养。一九二二年，更罹心脏内膜炎症，毒已入血。自德国返，病仍二月，因狂热而作日乃延至八月十四日，在其伦敦住宅内逝去。即在惠斯敏寺内行丧礼。丧葬有侍，英皇、伦敦市长、法总统、比首相、澳洲总督、美大使等，均致唁词。坎拿大报纸誉为英国报界之时圣，爱尔兰又失一人材，法比报纸谓北岩乃法比之友人，在报人材中最有实力者。美报则谓报界失一伟人之名

全球行哀悼云。

文33—5

論曰。近世紀來。報界之人材亦衆矣。然或長於管理。或優於文字。其能一手持筭。一手執筆。學識与手腕兼而有之。如北岩者蓋寡。此其所以[illegible]與論界之牛耳。而克躋成功之域歟。

执

接北岩爵士小传秀尾

（二）纽约泰晤士报参观记 —— 三

一九二八年六月十九日，予於大雨中来访纽约泰晤士报。与信该

泰晤士报两。报专以日执一份，其界生耳。乃访其大辞

编辑长示却尔（Fredrich T. Birchall）道明来参观之意。并仗

示首先广日内瓦国际事宜会议之（相让）也。

该报在宽街（Broadway）与第四十二街间。地当交通中心，馆执幢幢，环绕大四周者，道於泰晤士

市区（Times Square）。且独占，主别有依傍，坐落

之形绝。其特。入门则倚有收发小广告及发理信柏

甚伙。石级，人。经于乃楼至二楼地图一纸。请给里係少。石攻武

印刷东报新辉印刷所印者也（The Times Annex）。至则不见有专门

館。本館已預備一館員招待。館員為之。此館員引予乘電梯直達頂端。然後逐層而下。為說明。略覺太省氣不少。省卻級之勞。直至地層而後止。美國自命為先進?。以國勢日盛。資本主義日益膨脹。日本亦然。館在物質上之設備。且較諸歐美各館為完美。予以為此足供我國各館之參考也。乃紀之特詳。

初名纽约每日泰晤士。

纽约泰晤士[illegible]于一八五一年。[illegible]为雷门德[illegible]（Henry J. Raymond）及琼斯（George Jones）两氏所创办。

至一八五八年始去每日二字。

今大股东为欧克斯（Adolph S. Ochs），年已七十余[illegible]

~~其销数由[illegible]十[illegible]份增至七十余万份~~中细翔元。

进。今岁星十周。钹尾孫女经一度之扩充。~~本年销~~

~~[illegible]~~盖自业汲趋稳健。[illegible]乃日新月大[illegible]日而推广。

之钹尾。已为八次所经营。大销数

第一年仅有二万余份。[illegible]

日增至十余万份。星期日且增至七十余万份矣。新收

集资之新闻部印成是依机械之机械部以及从经

上述两部组织尚未使得完成营业之营业部依

次述之如左。

△新闻[redacted]部（News Department）

新闻[redacted]部者本市及国内外逐日发生之新闻原料。無间日夜。及时注入之中央磨厩[redacted]也。位於館之三樓。新闻之来源豪广。其格式亦種種不同。有来自館外个人或机关之手寫及印刷寄稿。沈此为发表之媒介。有海陆[redacted]及無线之電[redacted]。有市内市外及各国各地訪員所发之本地或長途電話。有特派訪員之具体报告。凡此均须就其在翌晨报纸中之價值及分位加以[redacted]择类别。俾成良好之体裁。分工合作。并为採访编辑校阅排版司及排字间印刷间併工友。

居新闻机关之首。内负連络本部[redacted]营業两部工作之责。并为理事编辑（managing editor）。彼不僅有隶屬於其指導之下[redacted]採重要地方及[redacted]国事消息之三百餘訪員及通訊員。並有直接倫敦巴黎柏林罗馬及莫斯科之本館海電及無綫電員。故每逐日发生之新闻。常能脈息相通。对于実現之要闻根據于過去之事實。知其無可避免。确如来日太陽潮汛之升落。并常能先燭其微。盡[redacted]関心观察其實為[redacted]个之世界——自然界藝術文学界科学之发[redacted]及推展以及日常全部人類生活之演進。無一非所注意也。

新闻[redacted]部工作於理事编辑[redacted]监督及指導之下。職掌更釐为本埠及電报两股。前者處理发生於市内及市區一百里以内之新闻。後者則處理此外国内外之消息。两者[redacted]各有所域。然所得消息。事实上不少関連之點。其编辑及发表之工作亦多未能完全分离。故常相互合作。各以其有関係之新闻通知其它一部。

隶屬于收集本市新闻之本埠[redacted]有從事一般工作之普通訪員及分類编辑

新闻访员约百人，又市外通信机关约七十处——个人或新闻通信机关——遍布市范围内。编辑逐日将见诸本报及其它晨暮各报之仅有一部分证实及发见于隅角之报章而仍含有潜在及活跃之新闻意趣及重要性质之项目，列为清单，以促其进展。

在晨间及午后，将此等新闻项目，指派各访员，担任并之经历性格咸为最适于此等特别新闻之採集，并同样手续。有时亦因有新消息之见端来自电报电话之时，各项付托及日此等专责之访员，咸载诸是日之一览表中。薄暮时，以之移交于夜班本市编辑(The Night City Editor)，其人将日间发生之新闻，熟考而确定必要之衔接与后依同一之程序，继续工作。

薄暮时，各普通访员及法庭、市府、其它政治机关、航业消息、经济、教育等局，以及戏院、剧场、音乐、宗教各新闻部之访员，咸集于办公处，将所主办採集之结果报告于日班或夜班之本市编辑，并依编辑之支配，各人将原稿印以打字之机，有已完全者，有因事实较长或消息未逮而为急就之章或片段之文者，类以交于稿案(Copy Desk)。案为列桌圈成之半弧形，在新闻室之右中央，左则正以相似之半弧形电报稿案，首并由本市编辑及其原稿核对员辅其事，后并由电讯编辑(The Telegraph Editor)及其电稿核对员主持之。

编辑以此等稿件一一指定彼所认为最适于担任之核对员，分任校读、什缪、节约、编纂、标题。稿件内容含有偏辑意味，或有偏颇，或有类诽谤者，删除之。此类瑕疵，有时许混入于职未久或年轻者之笔端，彼等尚未熟知褒贬之责，当完全懷該編輯同人。而新闻部则限于提供正确之消息。初不必顾及其内容之何若。於處理泰晤士之编辑政策之新闻。与彼误为记载错误而写其不平者。尤当特别谨慎。勿涉偏执。凡此皆该报泰晤士之不成文规则也。良以忠实之反对者所跟进之贡献。较友人之赞扬称颂有若干珍贵。此类贡献来自报本不同於泰晤士编辑见解之處。顾题虽無乖于其公正之原则。访稿经接对者之反覆校读。更由日夜本埠编辑电讯编辑理事编辑及其他管理此日报之產生者之更番審查。其工作稿案自昔即有修削之权。以防止访员及接对者势力之衝突。但同時正义而工作者皆服从公正。故此间固不因此而生何意見也。

新闻原稿经接对员编次後。更由夜班编辑及电讯编辑详加调製。於是置该稿案中央一桌上铜夹板中。由此经一連續之输運机關。類似百货商店中電動送款箱。自動向上方。经天花板之一孔。而入於四楼之排字室。此本日之新闻轉成实体之机械的程序。于焉開始。

縱在初步時。将电讯及语意轉成寫稿。亦常用及精巧之電氣及机械的手續。在新闻室一端之静室中。備有新闻收信机三具。由此即以打字机之地方新闻稿源：送達该报之市新闻合作社(The New York City News Association)之中央事務室。傳遞于他报之事務室。纽约市新闻合作社為新闻界合作之机關。供給纽约市主要之晨报及晚报以消息者也。此項机器。每分鐘可印稿字平均約在六十字以上。每日所印總數約在五万字以上。同室更有傳達(Long-distance…)

9、

長篇、…

消息至該報館之機二。此外又有通夜接受聯合通信社(Associated press)新聞之機四。

電報室(Telegraph Room)

有門通於新聞部之左側，并有安設之電報及新聞企業室(The Telegraph and News Syndicate Room)隔絕喧鬧。一如新聞部。電報室中可容接線者六十人。人人各有案，案頭裝置電報工具。每夜繁忙於工作者，常逾二十人。運手之字數，年均約五七萬。除公司線外，夜間更有自有之線二，分別傳達來自該館華盛頓局及芝加哥局之消息。又有一特別線則以接哈立法克斯美國無線電台(The station of The Radio Corporation of America at Halifax)之電訊。

新聞部東端較遠處，另有一靜謐之無線電報室，該報自設有橫過大西洋無線電之收音裝置。技手若干人日夜守之，聽取來自歐州及世界其它各處之無線電訊。凡此有線無線及海電所傳來之消息，日夜輸入事務室，由打字機之煩音激響聲中，印成蠟製複寫稿多份，分供稿業新聞企業組合及揩摸處存卷之用。

此新聞企業組織供給七家市外報紙：一匹茨堡公報(The Piattsburgh Gazette Times)、聖路易寰宇報(The St. Louis Globe-Democrat)、波士頓使者報(The Boston Herald)、芝加哥論壇報(The Chicago Tribune)(有兩家)、蒙特利爾公報(The montreal Gazette)、多倫多寰宇報(The Toronto Globe)及米爾華干哨報(The milwaukee Sentinel)各有專員該報通訊。此外奧大亞利報(The Australian Press)

38

及其他报纸多家。亦由该报供给消息，但無自理之嫌耳。

此外新闻部中並有地產部、自動車部、無綫電部、及貿易世界部，後者掌日报及星期刊中所載商業狀况消息及其說明之處理，中包「顧客之來（The arrival of Buyers）」，在同業中竟莫由倫比。

一般在其他报纸虽曾有類似之嘗試，然多未能继续。

其搜求新闻之～～～～～～～～～～～～～

附属于新闻部者，又有戲劇、電影、音樂、運動、社交消息之办公處，而運動一部尤有多数之注释人员。

為輔助新闻部工作计，除備有该报及他报之剪裁以資应用外，更有參攷書之區及國外、内地圖，公报及人事備查室。人事備查一部占用该層西部之大半，室更分為行述索引（Biographical Index）及要聞索引（Subject news Index）兩部。前者有剪自本报及他报關于各人之記錄约二～～～条，分類编列。一查即得，逐日增加，成有精密之统计。其前所刊引之項目，间有更正，并亦列入其中，以供參攷，庶於其人不至更有失平或錯誤之記載。關于各个人物之剪报多寡不等，在附有索引之封筒中，有僅剪报一条者，有数百条数千条者，如～～～（Northam Ailsson）一人即備装三抽屉有半也。關于人物及事蹟較遠之記錄則藏諸鋼造小室中，其主要標題約三千条，乃集自首都各报及重要雜誌所登文中者，更有較遠之累積索引（Cumulative Index）記有刊行之日期頁數摘要。起自一八九五年，所含為刊於该报之人物及事蹟～～。

（39）

在此号数部中最后尚有自创刊号（一八五一年）至前此十年之报汇编，俱存于避火避光之钢室中。此后此类报纸并则置于灵便之旋转架焉。

编辑会计监查员（Editorial Auditor）亦驻于同层，其职责为检查新闻部员人薪俸、电报费用，及其它关于新闻编辑及星期刊诸部消费之支单。此层并有全馆之电话总机，日夜各有接线生十四人分任工作。有干线八十五，分线二百四十六。有（The Wall Street）、Beekman Street Harlem（Harlem）船舶消息所，及公安总局，本报之三版多数用纸所自来之汽船码头，以及馆外写真制版所，均直接有线联络。另有长途电话线五对，专为远方通信设置。每年夏季，营业人之宜昇所并接有长途电话，以为观面。每日设内电话之次数，平均约二千五百次。本馆中有自备之独立自动电话，设有分线二百五十，为各部连络。

日报外之新闻部（News Departments Other Than Daily）

日报新闻部之职掌，其外观之庞杂而迅捷，提自较其它为尤。但月刊周刊各部，其供献世界新闻之重要，盖亦相埒。时代史事（Current History Magazine）月刊，系一种刊一次内容于国内外新闻及评论，分月为详晰之论述，在为世界大战时刊物。今则已为全国图书馆大学校及一般读者必备之书矣。

周刊部（The Sunday Department）主持销数逾六十万份内容有星期杂志（The Sunday Magazine）及美术、时装、音乐戏剧、评特载（feature sections of Art, Fashion, Music, and Drama）之星期刊。除特设编辑部外，更有馆外著名之政治学者外国旅行家及艺术家之投稿。

(40)

世界报业考察记

40—50

4

星期杂志及其他特载之内容，乃以过去数日国内之新闻作根据或政策，而为更详尽之叙述，视彼逐日所搜集而发表之新闻，因[illegible]促而为片段者，其观察及分析，自更有透彻及独到之可能。其节目常包有访问欧美名流之谈话及其署名之论文。富有兴味及体裁性自之戏剧生活状况，以及社会政治艺术科学之变迁的描写。其有新奇或可资谈助之异国人地事迹，并为生动之记述。

书物批评(The Book Review)为一三十二面之薄本刊物。本于星期日刊行，今则为星期刊之一部。其编辑部亦在同层，除编辑访员及馆外投稿者约四十人外，更有罗马柏林巴黎伦敦常期通信员多人。而星期杂志及书物批评同用一通体用影字版机印刷。此尚有编年纪事(Annalist)于星期一发行，亦颇于全国之银行家企业家及投资者发表一周间对于财政状况及商业界经济界之观察。附有物价变迁指图及其意义之说明。于特设之编辑部外，投稿有重要实业专家、国内外经济学者及华盛顿函泰晤士公家对于商业实况之见解，以补充。

除备有逐日「人事备查」以供该报采辑新闻之用外，该泰晤士报于一九一三年起刊行书本式之泰晤士索引季刊(The quarterly New York Times Index)，供一般参考之用。此索引有错综之条目五万至六万条，于该报所载新闻指出正确并附事实撮要，以便检索。其编者此有其专任之编纂部，负责分任所被指定某项题目之纂编，如某人之选举及德国赔款等各项目所[illegible]份幕帽则记过去三月间此项之新闻，以为增减索引之端而成图中各公共机关及大学校以及图书馆之日常要藉。图书馆及各报馆之购备，每月[illegible]

泰晤士

[illegible]报刊物。逾一百五十处。[illegible]季刊物逾一千处。泰晤士在过去十年中，关于此部支出超过收入十万[illegible]元。但亦因是而得以有新闻史录（Record）[illegible]。Newspaper）之目。世界各报之有每月汇刊之常期定户者，仅有泰晤士而已。

新闻画报（News in pictures）

以事之记以图画，本非创举。自大战发生，图绘尤称为搜集及表现新闻之要素。[illegible]但识中数年前，本已成颇关重要之部分。现则[illegible]用谱中九接之全部，且渗入他处之有关机械制作之部分。图绘部（The Pictorial Department）今泰晤士大地写真（The ~~[illegible]~~ Tide Wide world photo Service）伏绘社。星期[illegible]画报（The Sunday Pictorial Section）。艺术之部（Art Department）及半周画报（The Mid-Week Pictorial）。

泰晤士大地写真制作及买卖新闻中人物事迹之画片，范围遍及全球。除于巴黎将设支部外，有通信员及代理人五百[illegible]以上，遍布大地。西伦敦、巴黎、马得利、柏林、阿姆斯特丹、布鲁塞尔、孟买、[illegible]悉尼、墨尔本、东京，[illegible]及其他外国都市，为写真交换连带而及各种货币汇兑之通讯处理。

此外自设有华美之新式画室，附有陈设富丽之名人接待室及时装摄持兑之更衣室（~~[illegible]~~）。有题影及完成照片之暗室。有凡于报纸之人物照片及底片储藏室。更有一市区室（City room），遇有新闻之须摄制者，派[illegible]摄影师于此摄制，因得顾客之信用。大地写真并为国内其他报纸所需求。画用以为是日之新闻连缀以

伏绘社。

相發明也。

△编辑部——(Editorial Department)

而新闻部由传达部自逐日採集之世界新闻中，蒐去批评……于一般之真理。然以趣释以指导群界，因对于新闻搞及其制作，却复严格分离。于採集之新闻，绝不有所左右，或为色彩之渲染，并以之为编辑实际，而其谓新闻之制作，基于编辑者之意见，由学习编辑精神之造成，基于发生之事实也。

~~据求其推定之安全，由日本起见编辑者……其实以新闻……~~

~~据者如报纸外任何实者……乃能准……其……代……~~

~~据……家……其……信……也。~~

~~……~~ 一世界最大之大学。

每日二分去界各大学之讲座设备，学课无有所加，其多而且备。实际……执业于门者咸所愿迎来修彼且为各大学之教师。此可證之以国中各大学及各名校无不存有……以供日常参考也。

盖与其性质一致，故至十楼之编辑部，其装饰布置，力求使具有学院环境及楷淑学问之……园中，一房幽静，而一隅一角，则无不充备时代之光明与空气。由自光滑如镜之地板上步入寂静而围以玻屏之内部，中心乃编辑图书馆，在文饰的所刻橡木隔壁及短栅之后，书架层层排列，度量参考书籍及新出定期出版物约二万册，不啻一知识之宝库，无论何种重要知识，多一导而得。环之者为橡木及玻屏隔离之办公处，总主笔及其助手分驻之，备有

(43)

世界報業考察記

之攻習及專科書籍，在陳列各編輯員室及中央圖書館之假接中用。寔四廊。四壁張彩色玻璃鏡框，上描摹製成報紙之各項原素及其手續。最初之手工印刷及手工排字機、鑄字機，以及各種運輸及交通方法——汽船、新聞郵車、郵用飛機、開車、電車及無線電、空中浮水字機、排印機——新聞紙之各種新式舊式附屬品。

在此部之末端有一會議室，乃按宏敞造，以大理石並加彩飾。屋頂作圓穹形。坪鋪以黑白之磚。寄宿靜適于討論。中置長形之議事桌。開會時列席者圍而坐。室之長窗外見街中之榮樓傳爾以及車水馬龍之生活狀況。

報館主筆望日中于此開編輯人會議。列席者為發行人及其經理主任各執行處事務者。及日之新聞，即于此會議中討論分析，而以異味濃郁關係重要之各問題，由主筆選擇分配，而由各編輯員、社論作者、編輯員中從事有被請對于某項題目發表意見，而被自身之見解而信仰不相符合者。此亦該報於時常引以自豪之一事。人孰無過，泰晤士之社說亦間犯錯誤，即將來亦勢所不免。然其論列之過失，亦如新聞之偶爾失檢。大然該報因光明磊落也。又凡所見解，絕不因暫時輿論之贊成而反對而有所移易。在泰晤士報之初期歷史中，曾因發表由衷之言，反對群眾，於口誅筆伐之外，不得已之用抵抗以增加其勢力。在近時更有多次堅持其所認為正義，不顧彼大多數群眾之所謂大多數群眾者，其後因有不少自省其感覺之錯誤。真理亦如人情。然從彼所為之指導，固較彼一時狂熱之談為愈。

且安全也。

政治方针（political policy）

该泰晤士报从政治的立场言。自认为一独立的民主派报纸。惟其以独立自限。尤甚于民主党最良之民主政府之下。绝不屈服政府机关报之态度。更拒政府之指示而为之宣传。俯首就范。故乐其独立之手段。及因独立而得之荣誉。对于建设民主党之政见。所谓民主派毕竟较任何仁厚之独裁政治国体为可信赖。又政治的明敏。行政能力之集中。任何国体宗教或地理関係之集团。未必能比之优胜。泰晤士报信其说。但对于民主派执政者之常施批评弹劾。较对其政敌为尤甚。戴维斯（Garner Davis）其近作泰晤士报历史（History of The New York Times）（1921）中有言曰。

「泰晤士报为民主的。其中坚人物信服民主主义。且以为谋公众之幸福。莫如以报纸之助力。治当民主党时。以其根本之党义提撕警觉之者。不患其卷却主义也。于党见外。泰晤士报年来又被认为所谓美报纸中保守主义派之健将。其锢之主义之贯澈。见解之常由人类所持之至坚。凡此皆被认为保守派首领之所由来……而其保守主义。虽非全盘。亦如一部分。因其享受一用此两字实为至当一彼澈到派之批评憎恶。较任何其他报为尤也。」

所谓泰晤士报讲偏辩偏僻性成。引知识的孤立为荣。或不近人情。以不同情其同业为乐。使其于敌对者果存自矜之意。则由于彼等信彼广播之反对其偏颇见解之论调。实非真有曲直是非之辨。泰晤士报读者所代表政见范围之

度。日远过于寻常报纸之读者。多数人之读报其目的在得知消息，于偏于政治或运
动的见意。殊不重视。有疑吾言者乎？使注意激进派周刊中关于事实之记述何以
常以泰晤士所载新闻为根据者。非甚明欤。……
泰晤士时报从未致信仰于用魔术的方剂在一夜间去除全部人类之疾恶。不信政治及经
济上之独占有包治各种之药方。事无钜细常谋所以觉悟彼暴乱并猛烈之冲动于社
会主义(Socialism Fourier)之社会共产主义(Fourieristic)马克思及列宁主义
(Marxian or Leninist)绿背纸币政策(Greenbackism)自由银币制(Free Silver)
非党同盟之政治经济制度(The political-economic system of the Non-partisan)。
政治商业化(put the government into business)反对生理解剖的医疗社会学(The
medical sociology of anti-vivisection)及达达主义之艺术哲学(The artistic
philosophies of dadaism)等：在过去固未信仰。於今尚然。保守主义(Conservatism)
并其正解为倾向于保持良好之旧习惯。反对对于制度之尚有存在价值之时代待确
有更妥适之替代者。遂至加以废弃是也。

机械部(Mechanical Department)

新闻之编纂未完既被新闻原稿由电力输送品遞至排字间内。余备因亦
经往。

排字室(Composing Room)

排字室之全部。其面积之大达二万二千六百三十九方呎。然有Cooper-Hewitt式之淡蓝色电灯俾从事
细密之排字及校对工作者得免目力受不适。而不受损。室中空佈满排字之电力排字机常在使用中。

職工約三百人。每日輪換三次。來自新聞及廣告部之原稿于此初次相逢，以備排印。全

室半以處理新聞原稿，半以處理廣告。

新聞原稿既由電力升降機用遞達，稿紙剪裁者(The Copy Cutter)乃由彼視需要

如何儘量加以割裂，俾分配與從事工作者得同時各手一條，迅速完成。排

字機兩座置稿于前，一如彼打字者動作之姿勢。每一動作則字模着之金屬字

模，各自其備次之字模行列中帶至機器之前，嵌入稿中應列之地位，如是稿中其

他各字依次做之。一行既備，則自動排入一鑄字箱中，其上有機器注入鎔鉛。于是

一行活字以成，用過之字模則由機器自動舉而送之原來集中之處，各回復其原

位，以備再用。原稿之各行既一一鑄成活字，乃排成一版，印為校樣，每行計約二十三

紙，以備編輯分部校讀或存查。此項校樣由當日排字室校對員將錯誤校正後，送還各

原作手加排字并照改正各行，重加排鑄。每篇錯誤多至三數以上者，則退回原

全部加以覆校。此項校正之稿樣，至此遂予組合編輯(Make-up Editor)由其審度以為

全日時應如何配置而加以排列。至此各頁之活字，由排于一架中，而入于同層之鉛版模

型間。在汽熱與巨壓之下，印成紙版，而成一新模型。此即最後見于印刷之正確稿樣也。

此項模型蒸發乾燥後，輸送至印刷室之鉛版鑄造

再同及金屬鎔解之洗礼。

在此排字室中所有排字機七十二具，及鑄字機十具，均裝有排汽管，以排除其自鎔金

之臭味及其下之熱度，並有特別通氣之裝置，濾之以巨量之新鮮空氣，編輯全層，並設

機器修理分廠，以備排字機修理之需。在中，擬為各工人備有抽屜之百

二十贝上工时于此易去常服。工作后于此易去工衣。此并备有最新式盥洗所及各项卫生代替用品。

每日报纸之篇幅，和夜时由经理、编辑决定之。先将广告及新闻两部主任会商，而主任应于九时左右各自提出是日报纸中新闻及广告所需栏数之估计。编辑手边材料过多，则指去年为过剩之广告。新闻则不割置[illegible]，为求印分量适当之报纸起见，割除过多之广告，非一次已。

印刷室(The Proscenium)

新闻[illegible]生排字室制成之模型后，其印刷如何完成，全须由升降机而下。降同时模型由斜槽滑至地层下之印刷室中。楼之四壁有印刷所之管理处。电力由此分布于地层下震耳欲聋之印机及提纸之滑车。同高处有二巨桶自承尘下垂，中贮墨汁，合重十八吨，然仅供数日之用。桶中墨汁常满也。

该机印刷室设有六十四印刷单位(printing units)，每小时能出印刷切摺计数手续俱全之二十四面之报纸四十万件。

新闻及广告之模型自排字室下降不十分钟入于铸版室。造所于此疾卷之滚筒模并曲成半圆形，俾适用于印刷机轴。于是放入铸版机，如是每模型铸成二十或三十分上之铅版，旋即冷定。此半圆形铅之铅版更由电动机于顷刻间修剪厚薄，俾适用于印轴。

每一印机(八重的)包有四单位及一摺纸器。每单位具四滚筒，两对及软印轴一，四滚筒依此两旋转。每一滚筒印四全页之一面。此四页之背面则同时由此单位中之第二对滚筒背印。

为6页折纸烧、金属镕中来、铅汁流于共上之印机二行铸子造七版。

刷之。如是每一单位之圆筒，完全旋转一次，印八页之纸面，全时而全部八重机所印。

则为三十二页之报纸，也如印页数超过三十二时，则用集合之手续（Collect process）。

将印机各单位引排列，组成六重印机备用，近来所印者大都为三十二、四十、四十八之十八之报纸。每张经过印机后，即自动折叠裁切，并将每五十份扎成一捆，于是由一电力搬运皮带转送至上层之邮件室。

印刷用之纸卷，自第二地层之纸卷储车室（The Paper Room）而至印刷室，巨大之载纸车，终日续续运输此项重达半吨之纸卷，自室平面下降，置于纸卷储车室。每车装纸三卷，直属于一印机单位，为印机用时，由电力运用，使印刷有人守之。每卷将竭时，祗须一按揿钮，使印机内储车之转动速度渐减，俾用所谓"飞粘机"（flying paster）者，将新纸卷附着于旧纸卷之极剩去其少许之面，旋转时新者乃取得其地位，须依前时之速度转动。

此急转疾鸣之机械，运用印刷机及储车之各部分，随时可用加减速率或停止之揿，由以管理之。在此使局外人之不习于此者，耳鼓为之印机巨响声中有声音高出其上之尖锐传音器及铃钟之应声为示意各种动作，非此则无从呼唤，因无以使工作者中者得传消息。除每日二十四小时有十九小时，此厂大之印机处于停顿或近合作也。

于是之状态中，只电擎之运动，仅在中夜照例在清晨每报第三版（或称本埠版）印成後，印刷停止片时，印刷室之工友为机就喷水冷，以恢复精神，後至有抽屉之中程中易去衣服，次夜者更从事工作焉。

星期画报、星期杂志、书物批评、编年纪事及半周画报等之印刷，需用精致之图影写凸版机，其印刷手续。不于此印刷总部为之。在第十二衖及四十衖另有特设之字版印刷部。在十架单轴新字机上各刊物印以研光之纸及凹形墨汁。用蚀刻之字模为画版以代通常印刷报纸用之圆月版。其手续视平常写真所刻者及铅版印刷者需缓。但从艺术方面言，则远胜之。

影字版自艺术部接受多种图片。将其翻刻成铜版。此须经一种转换手续。将制炭素纸上之胶精，渐渐移上铜版。一度使用而印刷完成后，此蚀刻乃从轴上磨去。此项手续经过二十五次。轴上须用电力加上薄铜，以备再用。此新字机每日使用二十四小时。每周用六日。所出之印件一如普通机印件，均自动摺叠裁切并计数焉。

此外尚有新式设备，专为春季画报制作，有较手续外之写真刻营业。

其他自制铅版中写真刻设具，由印刷公司印本项图画以供装饰者。

发送方法（[illegible]）

印成之报纸自动每五十份由电力吊带，从印刷间运至地层之邮件寄发室。

第一件手续中，将报纸扎成巨捆，付货车、火车或邮车分配各地书报商及订户。

然后则分送内全国各定户。各捆之由特别快车送给书报商者，均盖戳记明其火车之号数。邮寄之定户，其住址姓名用电力发信机印之，此机并能将每份报纸摺叠包装，按所寄地点抛入机旁邮件袋中。在日间并有预先邮寄往市外之手续，半周及星期刊物等邮件。每夜由邮局代表监察衡量其轻重。

本地点运送方法装入货车，运往各街道该报销售处。除自有五大汽车载运白纸外。

并用二十五至三十五辆以作分配报纸之用。至此乃新闻已预备齐全，俟早餐桌上之需，而任读者数量其早晨教育及启示之制作。所需全部工作是否使其所付两分之代价矣。

营业部(Business Department)

为值二分之日报及为价五分之星期刊，其投资约当全部收入百分之四十。远不敷其所需；仅以用于分销及派报，作为一部份之分配耗消。广告上所得此收入，即以付纸张一项，每日约值六千元之。以年计之，达五百五十万元之故。为谋供应此巨额之原料，以及新闻机械两部之机器销耗，不能不有组织良好及能力充足之营业部。俾支应不至匮乏，为巨额之投资赢得利益。

该报营业部成功之秘诀，亦犹其新闻部之管理，有其标准之信条，即对于全部各有责任心及坚持基本的信字，即由身分是也。实际广告新闻也试举一例，又于近人之报纸上之广告，其内容系广告新闻事及其他类似之商业表襮一加推究，可因以寻出人生之实况及时代之进步，非但吾人之启示，正不下于新闻栏中所载。该报广告为求实践其忠实之理想起见，一面国内同业受其影响，亦多取法。于求登之广告定有严格之审查制度，其内容必须有可靠之担保，由发其负全责。责任及其主题必须明显，形式必合于彼之调和及庄严原则，因有此严格之限制，故公众对之一方以得登该报广告为荣，一方又信其忠实可靠也。

该报所拒绝收受之广告，大略如下。(一)形迹可疑者 (二)欺作有者 (三)字义猥亵者 (四)攻击他人隐私者 (五)只图谋利者 (六)意在损人者 (七)……机关者 (八)迷信者。(九)述及有害健康者 (十)赌博危险事业者 (十一)样品收受现金交换者 (十二)有损读者金钱、名誉及信用者

营业部之工作分隶于推销(Circulation)、广告(Advertising)、会计(Accounting)三部。

推销部

推銷部在睦中之第五據。負分配報紙與全世界各定戶及報販之責。全美各州三千一六五縣中之二千四百三十一村均有多數之常期定戶。以城邑市集之總數計之。蓋在八千以上。美國全境及美屬各島嶼。又加拿大各省及殖民地。八十七外邦，其中包含奧士利亞、泰希馬尼亞、泰希蒂、阿蛇尔、朝鮮、中國、錫蘭、台灣、印度、日本、爪哇、摩里的、海峽殖民地、暹羅、菲內、巷臘、巴西、阿根廷、智利、非洲各國。咸有讀者。至于與大小各國自無待言。凡此遠近各地之該報讀者一年中由自由郵局汽車輪運郵船送達。於必要時且用飛機運送。

該報在本埠之輸往外埠者等于由內市其他各報輸出之總數。星期日裝包運往內市外者達二十三萬五千份。郵寄與外埠定戶者達八十二萬千份。

該報在本埠內日銷之平均數約為五十六萬份。而星期日則達七十萬份。此新內紙之銷行更有一難能之現象。則其百分之七十五。均直接寄於各定戶者。

其分配之無誤。及推廣計推銷部恆與郵局及推銷該報商與密切之聯絡。巨額產量之輸送於本地及市區六十哩內之報商。用汽車運至芝加哥。則包成巨捆由火車載運。海外之商則由郵局。凡定閱之報紙。每夜第一版印就郵寄版）既在印刷印付。最早開往其地之火車寄送。報紙出自印機後立即在底層之郵件室中裝包。並在室中出售。以備郵政記錄。於是急：營入郵便之運用動汽貨車。送往車站。政府對于新聞郵件。每磅徵費一分半。廣告則視郵區之遠近每磅徵二分至十分兩者每日均有周密之百分記錄。計算用正確之直線量法。（linear measurement）每六月寄往各郵區之份數。須作忠實之報告。其後又每月印。

の、

適此徵毀。

附屬於此信件之推銷部及廣告部。並以備全體其他各部之用。共有五種之謄錄複合排印部(Multigraph Department)。每日可出用好封面及裝信之信大千封。又同處更有謄花印版部(Stencil Department)。各種出版物之定戶記錄。於此編製。各定戶之姓名住址訂閱日期滿期號數以及所需之卷次版數。鑄于金屬之片。除于此處印就包封外。此種謄花字版更依照地段分類送往郵件室。於裝信機中將自動將已經指定形式之各種報紙一一印就封面。每日內有二千五百謄花版。備每日及星期報紙之用。

該發行部對于各種出版物之用共數約十二萬五千。各出版物之出售。不許退還。故其銷數所收入恰合。不因經銷者之預以估數或過于所能分售之數而蒙損失。不第有報紙時之銷耗且而彼經銷者以印象使知該報發行部求相應。此實可為交易之最要条件也。

廣告部

該報經濟力量之大。由廣告部有升降機直達二樓。經升降機或電梯至其入口。所見景像。有若鬧市中大眼引之事務所。其壯麗華美及經濟力量。默示吾儕以深刻之印象。左入口處有大理石之帳台及柵欄成半圓形。而裝引部之支室。則備以銅製之門及裝於鋼架之磨砂玻璃窗。除大理石之外。至此盡不乏成其趣。

每晨兜攬廣告之全體職員。集于廣告兜攬室(Advertising Solicitors Room)

告主任，以其関于是日之全團指定分任之人，次日各職员仍于此室报告其成績。

館之五樓近復成立一徵求廣告兜攬室，有職员多人，终日忙于接洽通话，至于関于刊登廣告之業等，全由廣告股各有其特別兜攬員。

廣告之印刷形式，须経精密之審查，一如对于其内容之是否忠實有无可击之於各廣告之圖版稿樣，遇必要时献议或强迫其変换改良，俾谋可用式之目，且由此报纸印刷之调和，久之登廣告者在此稽查之下，所登于报内之廣告，実勝于雜乱無章之一般普通廣告也。

每日午餐後，賬目部(Charge Department)職员計核登于第一版之廣告，算其代價，送簿記部(Bookkeeping Department)，部中逐日將廣告賬单寄出，整理及收款两部(Adjustment and Credit Departments)付款与否，有無信用，裁有精密之記錄，備随时参考，依賬而免之損失，蓋甚微也。

营業部各項成績，一一按期报告，逐日撿出而備保存二年之廣告，據件均藏于营業事務室接洽之成績保管處。凡於该登來久之廣告要求改正或退金者，由请求及退金部(The Claims and Refund Department)管理之。

更有遞信處(Outgoing Mail Room)，全館每日约八千封之信件，均由此径電力印机蓋戳，一机乃专製以備此项作用者，每分鐘约可印三百二十五封，一经郵局特许，可代郵局郵票之用。另有收信處(Incoming Mail Room)，每日所收之信数，每信拍好，二十四小時中，有職工三班輪流持所收信件，分送館中各部。

15621

而营业部有连带关系之供应及稽核两部(Supply and Auditing Departments)。设于五楼及八楼。前者办馆中各项用品(除印刷新闻之纸及印机油墨)，其仓库中所存之物品，为数达千种。各式文具有八百种。馆务规模之宏大复杂，由此可见。关于各项物品，如电器材料、金属器具、事业用品，下至门役所需之拂帚，均支配有日存之货单备查。

第八层楼之稽核部(Auditing Department)检查各项簿记及计算产表。审定编辑、营业及机械等部之消费。为数约二千二百人之薪给，亦归其考覈。该部员七十人，分担任稽核各部分之账目。确算关于此规模广大之新闻纸之各项制造及费用问题，如文具及美术图画之择购，分配之消费，以及器物之复置及修理，结果以简明之数目字列为表册，加批览于印刷表格。该报明其之日常工作及其发育状况，不啻如数家珍。

△职员部(Personnel Department)

新闻以养本馆内博大之建筑物，救济物者人之职务，果具优秀之建识及日常管理情形之外，以说明其进步之保证其不断的进步并之贡人群任内

该报为一营业之组织，其一身负责之公共机关，对读者如此，对其雇用之大队工友亦然。保持其健康而快乐，不使冷酷无情之资本政策之下，其工人无享受安乐之分，结果营业纵以成功，然现而不稳定。主人对其组织具家庭化，雇用者咸能诚意合作。

直接于该人本事室下之三层楼大部分，专用以谋雇员之安乐与康宁。此

尚未足盡見此大組織之各部分而至于全館之一種家庭諸世及休戚相

關之團体精神。然亦可窺見一斑。該男女雇員服役時期甚久。此在全体中

所佔百分比頗大。此蓋非出偶然。薪給之優厚。他報固尚有過之者。顧寧捨彼而就此。

其偶因受優給之誘惑而嘗他就者。一朝復職。莫不有如歸故里之樂。

今表乃該九各部所雇用之二千三百之友中經歷年之服務記錄：

十四年至十五年者…………一千二百四十人

十五年至二十年者…………七十九人

二十年至二十五年者…………二十六人

二十五年至三十年者…………二十九人

三十年至三十五年者…………十四人

三十五年至四十年者…………九人

四十年至四十五年者…………二人

四十五年至五十年者…………五人

館中所最注意者。館員之健康。為達此目的起見。建築上許凡透光生熱及通

氣之設備。必求其盡善盡美。耗費之多。在所不惜。各層均有特設之通氣

筆管。印刷及排字房中。由墨污衣之工人藝徒。與他部之職工。同有最新式衛生

設備之休息室。及大理石之盥洗所。光線充足。備極塵囂。之十三層樓為醫藥部。

(Medical Department) 其四周粉壁中有醫生室。醫生二人晝夜于此輪值。傍所有

看護室。常川駐有看護二人。有新來男工人之診察室。有男工女治療室。備有醫

药及外科手术各设备。女工友另有同样之诊察及治疗室。此外男女工友又各有设有病床之病室。

一九二一年八月十八日，为庆祝该行人经营该行之二十五周年纪念，实行疾病衰老之赡金制（Sickness and Disability and Pension Plan）。凡员无须出费。在被雇期中，使遇身体不能工作，而有服务十年或十年以上资格者，得按全薪及半薪各二十六星期。五年至十年者，全薪及半薪各十三星期。一年至五年者，全薪及半薪各六星期。在此制度下，凡雇员之继续服务满二十年以上，年满六十五岁，经该行人许可，得退休，领受赡金。服务二十五年以上，年满五十五岁或被雇十五年以上，因伤病而完全失去工作能力者，亦可获得此项待遇。赡金之标准，以最后十年工资平均数之百分之二乘服务之年数。最高额为每年薪平均数之百分之五十，最少每月有二十元。

该行人六十岁生辰时，一九一八年三月十二日，于本行中添办团体寿险制，凡雇员无庸缴纳保险费，不幸死亡，其已服务满六月者，得受保险金五百元。至一九二四年三月十二日，此依服务时期分段之寿险金额，最高额增至三千元。此项制度，最先发起，性质本为该行人之一种诞辰赠品，以谋雇员之福利。其后此种保单宣告撤销，金之增加，馆内外二千三百余职员，岂能忘此该行人之赠。当是非具恢宏之精神度量乎。乌能奉惠于职员若此耶。

由此递推。凡满五年或五年以上者得一千元。

但该行职工非必至疾病死亡，方享受赡恤也。一九二〇年，该行人补助纽约储蓄贷金会（The New York Saving and Loan Association），依照纽约市法律注册由愚（自谈）报各部之保管委员会经理之。其制凡雇员每股每月摊付一金，并自十一年起，至十二年可得清册存款二百元。第一年纳金者二百七十七人，股分值达三千七百四十七。此协会并于第一年资助职人购置或自营家室，垫付之借款，为二万三千元，每千元每月付还十元，以其市内之地产作优先之抵押。协会又曾尽其义务，为住宅地段之规度，庄业之评估，营造之规划及工程之监督，俾各家庭之费，务至所需之百分之七十。协会成立第一年，借用寄宿舍事务馆内房屋，不给租值，计所支出，并入每股之百分之五强也。

为减轻工友疾病死亡之罹患起见，职员部常鼓励同人作健康而快乐的社交生活，俱乐部中时时举行跳舞与游艺，专由各部之资金并至此成本高，采到无从，以工作劳瘁。

谈记 寿楼并饰境之十二层楼有为各部职工设备广大之俱乐部，两侧为宽阔之露天散步场，傍植花木，由此可眺览全市，且得北面之工厂，南面之海湾。每俱乐部毗连者为小说阅览室，而另一室之藏书则因各部职工需之数有不同而分类，俾便学习，以增进其工作之能力，从而得进位更大之能力。

第十一层作为餐馆之用，一内容广大之公共餐厅，及茂行人由其古有暨宾客之私用餐室。在为此私人餐室，仿都铎式装饰，用雕刻之橡木镶板，宽阔之双叶窗，南向，用彩色玻片描绘印刷工作之各种情状。餐馆另由公共餐馆供应，但有私用之冰藏室与食器室。

此大餐馆有充足之光线来自室之三面，清爽华美，附属有厨房，以及食器食料储

世界報業考察記

5/95

飯室等。供給膳食。備有三等。由自取食者。有侍者伺候者。及便食者。以成列之杉樹隔斷之。

牆白之瓷磚壁。而光澤之金屬容器及炊具。以應之一邊供給指內名閃。瓷光。食料食品室亦同。其侍者皆著白色制服之侍者。黃閃品。

四。之洗濯備有電力洗濯機。在廚房中有戴白帽之掌廚及烘製麵包者の人。七。于壇火爐之傍。此間又另有冷藏之設備。以供給冷食及暫時儲藏廢棄食品之用。司賬者另有儲藏室二及一辦公室。作理之辦公室。可以照顧餐廚膳食之供應。有一般饒趣味之特色。即職工每週薪水給來適十六元者。得購用一種初級餐券（junior meal ticket）。其代價為一角。而可以持以取食五角之膳食是也。

△執行辦公處（Executive Offices）

國內時報泰晤士執行人之辦公室在行樓之十四層。監督各部複雜之工作者。以人於各項事務及執事者均充分熟悉。不愧為此集團中之主持。

辦公室陳設修雅而莊嚴。自窗中可瞭望市心及東南北三部。諸壁向時世界名人之異名像片。向業之行人及主筆。各外國政府今昔之外交官吏。美國之新舊總統。大學校及神學院長。以及國內外各公界領袖。並有泰晤士附近之風景畫。及談館在晴雨中之繪圖。室中有國外著名畫家所繪之畫。

室中間有掛世界大戰之旗幟紀念徽章及服物。案椅均胡桃木製。案頭常供養悅目之鮮花。

其他如协理室、秘书室、会计室、均在同層。因于比较重要業務之推廣。因咸于此计划讨论决定之。各室均明窗几淨。陈设简朴。

观于纽约泰晤士内印工作之複雜与宏大。报馆建筑之大与高

人。乃知吾人错综時日之事業。停設同一場所。使吾身居其境

之读者。報則对此日日所见報纸之印刷物。為吾

于一杯（屋間之）点着与[illegible]趣色。而不知製造此日与報所啟儲

之一东机化。其原料及工作。乃以广漠而複雜。吾人试

趣想远●方者。发之傳（砍伐）樹木。磨成纖維。以從製纸之

用。幾许手工。忙于採原料之製造。以及管理陆空之

運輸。又須费幾许运送。才得之带于搜集。書時且须

冒万難。搏生命。之险之新闻。方能以之向日在纸之续之由電報

電話而応電係及空中之傳[illegible]

電信注入此有類中心蓄水之池，從而分布于此從未滿足好奇之世界。

報館所用新聞紙原料之一部份之巨額而言，已足令人驚訝。現所用之白色印刷用紙一項，每日銷數為一七〇四噸，每年六二三〇〇〇噸，其值日須一五，三〇〇〇〇元，年須五五，八四〇〇〇〇〇元。報及其附屬諸刊物，全年所雇之職工薪數約于此相埒。印報用之墨汁每日計四噸，即每年一千五百噸，價值日需六五〇〇元，年合二，三七九，〇〇〇元。印刷間每小時能出印切摺疊計數于價者全三十四頁之報紙四〇〇〇〇份，即每夜經過之五小時中，可出二十四頁之報紙二〇〇〇〇〇份也。印刷間通常之工作，僅就影印機 Rotogravure 一項而言，每週能印每張八面之紙約廿四〇〇〇〇〇張。

紐約時報之運輸及分配，每年所費超過一百四五〇〇〇〇元，而郵費五四〇〇〇〇六七〇〇〇元，快遞及大車運費三五六七〇〇〇元，自動車及運貨車修理費十四萬三二〇〇〇元。

館內外二十二百餘僱員之薪給，每週平均數逾十〇〇〇〇〇元，每年合其完刻刊之職工薪給數超過五〇〇〇〇〇〇元。每電報所費合海陸兩項達三十〇〇〇〇〇〇元，每日約為一〇〇〇〇元之。

如是紙墨、職工、運送三要項，每年紐約時報支出已逾二〇〇〇〇〇〇〇元，合之其它銷費，一年中每日支出約四〇〇〇元，每小時幾一〇〇〇〇元，每鐘擺一經損約千元也。

論紐約時報之資產，則機械設置及館宇，合之泰晤士區之泰晤士大廈及位於十一路四十及四十五兩街間備將來擴充用之地產，投資已達一五〇〇〇〇〇〇元。至因紐約時報四字所得利益之價值（Value of good-will），猶未計~~[illegible]~~。~~[illegible]~~發行人及幹部館員僱傭報有此公司股分之百分之六十四，其它僱員百分之三十五，所餘百分之一則歸他人。

認購。但每人不得過資本百分之一之四分之一。資本總額定一千萬金元，內普通股（Controlling Voting Stock）一萬萬金元，第一八厘優先股四萬萬金元，第二八厘優先股五萬萬金元。凡此股分原為一種公司之自由分配，以為發行証券之保証，或執有股票者之紅利。是故紐約時報現在之投資，乃自一八九六年以來盈餘之公積便說。

使記壇當一八九六年根據現行之經理方法改組時，規發行一千萬以得獲支配之權，除因其服務所得股以購証券之現金，僅七五〇〇〇〇〇元。後此二十五年所贏殆逾一〇〇〇〇〇〇〇元，除百分之三以作紅利外，悉撥以供公司之運用。自此在其保守政策之下，盈餘以得未曾有之速率增加，並以用諸產業及設備之發展。在二十七年之終，所值達一五〇〇〇〇〇〇〇，無一非此報紙所收穫。

去。尤意者，今之發行經理紐約時報得由破產之境而踔于精力彌滿聲威鼎盛，而此發行人者，初僅一南城印刷所之幼年藝徒，後因經營一小市鎮之報紙，身分漸增，繼乃立足於紐約報界，顧地位不甚穩固。今則其力量及安全竟無足與比擬。其由微至顯，及近今之偉大之成功，許由其天賦之特性及家庭之教育。今乃以此運用于所指揮下之大規模的組織，紐約泰晤士發育之迅速，蓋完全且天然，可由此說明之。而美邦之際會風雲，亦莫非由於國民之富于此種特徵。

逐日合力生產紐約時報之二十二百職工，非僅由於偶然之被集合而謀工資之獲得。全館組織無殊一家族。館員所享受之利益，如社交俱樂、醫藥設備、住所及貸金之補助、養老贍給、團體壽險，以及其它為團體謀安寧與健康之設施，咸非它報所可同。時館中職工，亦咸能確實認識自身為此組合中之一員。社務之發達，須根據一種公正與負責之確定原則，事業前途之榮枯，與有深切之關係。此尤難能而可貴也。

(6

參攷既畢

美人壽璽夫（David H. Joseph）所著紐約泰晤士之評述

華墨漪學。

S蒙古一文。之倩次歷史上之研究。孫并述譯

大略如下。

(64)

紐約泰晤士報。創刊於一八五一年九月十八日。由萬內德(Henry J. Raymond) 記者 思及

韋思來(E. B. Wesley)三氏 [illegible] 之方之 李沙街(113 Nassau Street)一百十三號為館

址。其股本分為股票百份，一百元一股，分一千股。韋

萬氏認十股。萬氏認二十股。記者韋而氏。其股資二万元。萬氏則 [illegible] 之字

越、備辦天才之代股資，美 [illegible] 人於Horace Greeley's Tribune

及Courier 5 Enquirer兩報中，得時已嶄然露頭角也。

報既確然成立。其股資總額。乃實增至三萬九千元。

萬氏在其宣言中。主張此報應堅持一種政策。

[illegible] 信之中庸、穩健、忠實、理想。為紙自身所信

仰者。而本報紐約泰晤士報今日之 [illegible] 深感。彼認組

紐泰晤士之成立。乃 [illegible] 何處或個人利益之增進。

宇多激進之缺点均应力避。务努力以相成为美邦爱康善
之宗旨。
排除浅利之拘泥。
标异佛[illegible]（Maverick）述薰人小侍。诏剑利了般于风雨不敝之楼中。
缺乏精之侵店之便利。华丰恺及于中庭傍洞開之窗檯
多生。以織光中之蒲人的手托的壁叢乳之[illegible]中。伏殿
數不年之黄。於之于社活之华述。佛有向楼之帽支柱于一木
川之釘上以取光。东坪偏拜及其他记事成樑发维萝若彩
鲜少为他蝸乃掩。乃蒲人则东其平常习惯。他若疾苦点
用之此役偕向陋之环境中也。
[illegible]壽暗士日于此寒慄之中夜在何斜款例の而未凡寂
載之下。呱之陰也。其房一了于室居七现于日市向为一条
更六摘。绕牧の更宗所一乡之刊物。今摘视今短状约三乡之

一。每印刷好楷之为大壮健之表示。大抵其文，每日十一版。继改

为六页。其先以两版分此文为家庭周刊（Weekly Family Times）

销行。即周但发行至数以百车。运之利便日趋已确。销

故后穷价偏壤之处。至一八八〇年遂不复刊

行。其法仿村镇而出周刊（Semi-weekly Times）则同时发文

又有（Times for California）加利福尼版。是为专航周行旧金山时，输于太平

洋上之操舟子，以纽约及国内之新闻其道远，故记之

该报特为飞机运往加利福尼省者。其时日尚不可道里

计。至该报为相互关系。利于选举，绝之年。于选举运动特号（Campaign

Times）以供色彩浓厚之新闻，则汉号报之。

创始时用于机械之设备为五万元。第一年其他用支为仍时

二万五千之。各年及方不等

收回一万三千元（年终销数达二万六千份。故记者本年两

荷兰人则大华二千五百元。）

氏之决意属于资东。盖氏之由。次年写情据之一信，以宏

纳增加之广告。而定价则设为二分。此价值加倍之直接影响，即

使销数跌为一万八千份。但至一八七五年，此增价之报纸销数

已达四万份。一八五三年，而付红利，点达二万元。

卫许今之泰晤士则奇妙卫而发行者不啻富翁报所

创制之团结（[illegible]）之汽船。但线想当时以工作之简

单方法与材料，则此价格底物对之亦殊可重视。今之日

应续之稳安铺道至欧中之海电消息，以及驶逐之横

过大西洋之海电讯，以及海过大陆之电话，在当时

均付缺如。横过大西洋之海电，于一八五八年开始敷设在

68

約設十年中。大作用傳財務道（絕少）、商業消息。至一八五一年乃一八六〇年之十年中。來自東亞之歐洲新聞。經德航於（西市）岬接收後。以極簡單之大綱告紐約。故于到了時常附以緝錄六言詳（書）細記告。書于二三日後收到。蓋電訊之寄值甚昂。故較詳實之消息每不得不以郵訊補之。通常歐洲消息須三星期始收方得之許多諸。多加利福尼亞消息則大為明日黃花之感。

⊕於中一版始載歐洲及華盛頓（通信）從之以奇物於詳及雜誌之紀載。日內則集大大多于一二頁の版續以錢到及音樂消息及評論。電訊常載于社論版中。地方新聞及廣告則見于五六七等版。經濟與商業之消息。則載於末頁。讀者之忍耐與勤勉。在此时較

为害於人之事。而不须費小手段（加以）鼓励。以標題提示綱領。較自

~~蓋由~~尚德氏。本此意書之。行之一八三五年。（~~同紀泰晤士~~）（读报）

於其（標題一摘）述要點。紐約此成功（老統）（Tweed Ring）之役。始加標題

之所摘。當時讀者不僅閱覽標題。而詳讀其本文。

並且能從其中獲得消息。實如此者。~~最近之消息~~

~~係係由文最後之紀載~~報紙之有提要。並為近代之

報紙方式。自一八七一年至一八八〇年。報紙之流行。

迨入一八五〇年。業務膨脹。於是此種機關中。佔位已

擴。於是有建築新屋之計劃。當其落成之後。新近入一

也能完全屬於借債之屋中。紐約當時（泰晤士）建築之~~西街~~（Beekman St.）之

隅。此乃大中京（之）後其全盛時期。（一八五六年至一九〇〇年）而繼續自營之所居。

相隔僅一箭之遙。但較其此手僅の年。

(70)

一八五八年五月一日。纽约泰晤士报迁入更大之馆宇。此於大营业及印刷两部营房之需要。馆为适宜。~~是时泰~~~~十泰晤士建物盖为~~此为一次自造之馆屋。此后之馆于旧布立克长老教会(Brick Presbyterian Church)会址。旧太沙佳克门及佩克路(Park Row)两街相接而成之三角形中。一八八八年(改建)之为二~~泰晤士建物~~馆屋。

今为之失地。一八七〇年。杜威特克续任知长老教会之集其地也。首(提出的)创来得清帝以从宣教之用。穷思竭力逐之此对彼不断攻击之敌垒。但结果(建立)租费心力耳。

最初自造之馆屋。~~此第十泰晤士建物~~在当时为全美最精巧之杰作。屋凡五层。高出市所之四八尺。乃纽约上空。盖今之泰晤士(大厦)及图新葉。系时代之建立。而此而建筑材料、周围及大此项，亦远不及今之繁剧。当时依之（在虑了这周年目中。何为）能奏晴士之建筑。实由为冒险。盖此报之繁荣，早可逆睹。但彼为倍编辑营业及印刷等部之用。而将此巨大工程，素允铺时太甚。纽约通报（New York Herald）之彭耐特（Bennett）当时对其报社之成功，曾作讥诮之辞曰。纽约泰晤士今已翦羽而入华厦之[illegible]地窖，将桐楼中矣。

其实言时泰晤士（经报）经理。自六不知其能上层。盖一八五七年从不顾经济之拮据。破土以谋兴工。但收入日有限。乃若盛之痛苦。一面向股东增加（股东）了一六十〇。一面又日载多种销售之二十万上。俾以谋建筑基金。继忠观之预言。结果适得其反。因此项营业未几即得大为其势。从此一帆风顺。报馆直上。新屋之告成。因时当周年也。

禽皇追急之新修事業。大殿宇及坛墙之凌乱多年。慕此蓋
視為當然之事。此新屋乃第一加以改革者。手続也均不言而
喻之好不費。按（同）勤之先長老教會基地也。在一八五の年。值僑
十七万五千元。一年以內時至三十五万元。其大建築及装修極
華美而舒適。且是最（當）新式之設備。當時與宏敞極奇的
之建築設計家。亦為不以為拓殿在其是大舒適（宏闊）也。黄
り部份底層全部。三为大门。通於街市。承塵墙壁。咸
旋轉美之雕飾。地坪砌以刻花之雲石。全部均紫玻
璃鲜艳。二三两層。（日）僅（四）人作为静所。此中彭耐人識谐
而自来の層為绵绊部。有广大之图书館。陈列宝绍
之籍束。以及图籍。並設古董字画于此。五層为排字

向。印刷新则在此局。

该报~~纽约泰晤士~~已此后文字大稳固、繁荣。时值南北战争（Civil War）之通信员、消息常较来自军子栈内、友报为胜。新闻界、声威因而大为发扬。而此坚决拥护林肯报馆自为劲敌、纽约泰晤士。实为尤大。幹部人员、报馆职员合全部三十二人。加入同盟军者仅二人。当此暴动随时爆发之际。此该报~~泰晤士~~馆时成为一真正之武装堡垒、以保护其财产。並以防御暴徒。馆中装置时猶为新发明品之札脱林机三尊。以对付暴徒之来袭击手。大时暴动、群众方到来肆大骚扰也。

当此战乱期中。该报~~纽约泰晤士~~增购印机。且于一八六一年七月。

採用鈔版。自動排字机。在當時尚未發明。預印件、單美。因不輕此。是相利点于此时期中出而内也。时為一八六一年四月二十日。自此接相發了至今。凡此多業、擴大、毫、戰爭期中電費、日印為費所未有。時紙輸遂困難。价格大漲。其他費用。亦不增加。日報之是相利。遂於一八六五年。將价值增為三分。兩年後。又增為四分。此項價格。延長至十九年之久。而銷数日有增加。僅就一八六一年四月末以兩星期而言。已達四萬份。至一八六五年。內容擴充。已八頁至廣為七欄。為當時美邦最大之報紙。至一八七四年。又增至十二頁。

南北戰爭以後。因尚後民設立設立委員、結果。該報當遣一些出。當大選議。且因一八六六年參加國費戰連合會議（National

7

Union Convention at Philadelphia)。政敌锡以小青蛇（Copperhead）之军需。但经过时相比较，民势甚长。未几即恢复其原状。一八六九年，会员人数一百万之多，后因收买议员而被拒绝。十八年后，满人会每年俸为二千五百元之，于年已增至一万之，而记者之营业经理。每年俸亦增至九千元之。一八六九年七月十九日，满人逃亡之。继之者设实标，纽约奏骑士团体的名知。后人应奉为典型。满人均以二年。杜威斯党为诉于奏而有，首营小利，并附续文，译本以便美籍德人阅览。一周内继续印刷五十万册。国内外谈者为议论。先是杜威斯党曾请用三百万之收买，奏骑士以相当威此。此揭露之，劳工运动但取用以摇信之俗且司。议长于一八七一年三月二十九日，署名发表宣言，以攻击之。人之力扣，民纯以高利为目的，而谈产部以增殖

(76

至一八七一年。乃由错收争价三万一千余至三万五千余。所以有此钱

争时起至一八七七年。[illegible]十万元之①泛东半终红利。②之由西乡（J. B. Taylor）

八十万九十万至一百。一八七六年。[illegible]氏以十五万元之价归泰来氏③所

有十股。遂以统御全权。自建筑及设备所负之债务至此咸

已清偿。

自一八八三年起。泰晤士报收入曾经一度之降落。同时因大拒绝赞

成勃伦氏（Blaine）当选总统。卒致销路甚形衰落之极。一八八三年。

而获纯利为十八万八千元。次年减至五万六千元。而当克利扶兰（Cleveland）氏

第二任执政时代。尤遭逢多难。然仍坚守以新闻为首提（The

News First）之金科玉律。代价为何。在所勿计。一八八四年十

二月八日。备自当时认为记载价值之美西商业新约（New

Commercial Treaty with Spain）一项。所付电费达八千元。

一八八〇年因鈔字不敷應用，就舊址重加建築。是為
該批〔舊舍〕第四印字廷。在建造中各印工作仍進行。不
容停頓。〔[illegible]〕當拆卸情形時內有工友三百人之須在露天
工作。一八八九年工竣。舉以為此工為〔[illegible]〕之危碑（此屋）
地面下之印刷部。〔[illegible]〕有平台印机之架。可容利亞印机一
架。復有引擎八座，鍋三之机器一座。一部印刷部之上層為
票件室。又上為與街市同平面者為營業部。
兩年後因〔[illegible]〕失之處（一八九一年八月十二日）及此新建築尚未
費用之鉅，遂使銀中經濟於一八九〇年至一八九九年之為相一〔[illegible]〕
千大。至一八八〇年至一八八九年中，每年純利未達十萬之一八九〇
〇年。至一萬三千之。營業費用既增，而另現在之營業
組織及會計制度，〔[illegible]〕之家族。營之於外，及之增強。而作〔[illegible]〕

一分之报纸之争逐。尤足使此定价两分之泰晤士趋于衰落。於是提高报价至三分。作最后之冒险。结果乃使销数益为减少。

一八九六年八月十三日。[illegible]氏以人。遂以此报售于一公司(New York Times Publishing Co.)其经理及主笔为密勒氏(C. R. Miller)(任主笔终其生。一九二二年七月十九日作古)当时与之合组者为加来(S. Cary)及司宾耐(G. F. Spinney)二氏。及其代表友人。新主人承出[illegible]氏之代价为一百万元。乃大以偿付九十五万元之实际债务。旧名义地产则转移于[illegible]氏。以人承受之后一个月。於是泰晤士成为债之偿居者。並大可收之。號頭点读渡于人。时则印机已陈朽。铸字机亦租自他人。其大建筑之本身。最近者之人犹引为之笑柄年。未几即有新建之广厦高楼。凌驾其上而遮蔽之。

、拮据。新经理以声誉所有归此报。一八九三年。遂发生经济恐慌。依赖之资本不敷周支。营业降落。广告收入时大减。尤以经济之广告为最。此之年时因之而读报者、右乎也。为维护此报计。作最后之挣扎。发行债券二十五万元。损失以日增。未几。则影响及于新闻之采集。自一八九三年至一八九六年。仅社论一版尚能保存其文学之光荣。于是公司与纽约纪录报（New-York Recorder）相提携。讵知[illegible]勤斯报加东西方面收入。亦以钱移之。报务虽巨。此时[illegible]已入于最悲惨之境。此时相[illegible]希忽有救星出现矣。其人为谁。即今之欧克斯~~(Adolph S. Ochs)~~也。欧氏之从事于报业。始于一八六九年。为报馆之印刷所学徒。大经营纽约泰晤士也。改良组织。使其基础巩固之之点。在其仍依为根据。唯继续向上，力量日以增加耳。

欧氏于三十八岁时已为纽约泰晤士此报为完全所有之人。先是十八年，氏曾以二百五十元现金及一千五百元之债务承担而购得即泰瓦哥泰晤士（Chattanooga Times）。且已经营成一繁荣之报纸。其意以为因此改造报纸之原则，用之小城市既可获得良果之信仰，亦能于成功之域。在都会亦何莫不然。夫人争倡俗色力报之人。顾于实际困难者之经验，大思旋用手腕以谋改此衰败而将垂失败之大报。固氏宿愿得遂矣。

一八九六年八月十三日，纽约泰晤士信托氏以改组计画而成之。东立为票面额百元之股份一万股。其中二千股以为售与之一万股之售与目下债权者，付以此项三百万元，则以同额之新公司之原证券作抵，为同值二百万之此项证券，四票面实售

的流动资本之需要。凡值一千元之证券者。给予股份十元。欧瓦
德。大而言。若借贷的道路此项证券七万五千元。目13一千一百
廿五股。大体则皆由局三年保管。后此抵偿的所得盈支付
一切。继续三年时归之。如成为实则的年中。瓦13於一万
股中。据有二分之一之股权。大因的获得多数之股权者。为
将去之实际投资七万五千之。欧去交大之贡献。乃告去对
于该批之服务及前多该批之经营及运用之新法。此事我
的为人所公认。从此廿五年中。前后盈余达一百万之。去中多分、
九十七交投作资本的借运用及发展之需。股东所取红
利。仅为分之三千。
一八九六年八月十九日。欧瓦于社论版署名发表其新制度
下之新闻政策曰。

「余最服膺之目的。在使此报所载新闻。均出以公開明白之作哉。言必顾利害。报任何党派之侍从机关为之目标。且不偏不倚。不以勇敢畏恶或所虑而有所任何党派或权利之支配。使本报为摘成为同心之东京问题之公开之会场。为求达此目的。欢迎各界之讨论。」此其作的纽约泰晤士后发行者。不久即次第实行。一八九六年十月廿五日。凡新闻纸使母忧栗纷扰之（All the News that fit to print）之标语。揭之于报端。此言对于彼是否黄色新闻臭味报纸之宣战书援弓。可为特派宣自本为报之方针。不维持之于此后之纽约泰晤士且益渐及于纽约全市及全国各报纸。可称为报业堕落时代之一服清凉剂。其目的盖欲使此报为如何有之日可载新闻。必忠实而无欺。

广告内容多变，随他报以求当日之消息。

当时该报销数最多达一万九千份，翌日其胜售不过四千之

达一万份。此后默然待报领推销他报及其近报加增了多报。

欧美为杜绝此弊计，特将近报办法加以限制，未几变定

全所借。结果白纸之价贵。遂得以常名随同大报发刊

之，使市小刊物，至此仅载世界实事之新闻，改策下停止刊

刊。又市场日报，本宜详详载之，为之报纸，因亦加以广

除。但增设庭园之录。商业新闻及其他实用之杂情点。

一八九六年九月六日，创刊星期新志（Sunday Magazine）以代之

设之副刊。星期六出书物批评（Saturday Book Review）继之。于

一八九六年十月十日发行，为全国家庭图书馆及各学校所

欢迎。（一八九七年十一月六日又增经济评论周刊（Financial Review）及

来函+（Letter to Editor）。摘。此本日美之报，读者发表意见之不

[illegible] 家中判（庭）居之一份子也。

不久销数及广告均增，而报纸方面则创广告检查制度。

[illegible]

仿而效之。广告……新闻之样之价值与身份 [illegible]

该报广告地位既高，求登者益之踊跃。

世界报（The World）（I. Rogers）[illegible] 人佚名言，使报纸彩读者能 [illegible] 于

夫 [illegible] 每当广告该报之友人，[illegible] 同情者之初为墙垣砖瓦

以时而因以评报发达之境者，纽约泰晤士是也。

当美西之役（Spanish-American War）采集新闻之用支已钜，此后

纽约泰晤士自 [illegible] 后，入于困境。但实际 [illegible]

启 [illegible] 此新发之人之觉悟。彼断言是时许多读者以泰晤士

[illegible]

8

本報維持同樣價格。使人取出來。因為千萬人宜於彼（賣）色

◎（報）報紙之讀者泰晤士也。因之于（紐約泰晤士讀報）の十七年以來。普及價格

減（少）一分。（而之市）結果大著。一八九八年九月。（錯）數為二萬五千（七百廿六）份。

一八九九同月。一躍而至七萬六千（二百六十）份。小（行）廣告。一八九八年

為二百の十三萬三千一百九十三（十）。一八九九年。增至三百三十七萬八千

七百三十り。自此增進（固）繼續（而）已。六且十倍（未數）矣。

一九〇〇年。（紐約）泰晤士（該報）營業已整頓了。此

不意國去自另一國際廣告。收費五萬元。但此擲虛

牝。同年（●）聯合通信社（Associated Press）說其加入二十餘年

來。（紐約）泰晤士營り人。是為該社社理了一而兼執り要矣。

去時不僅在報也世界最大都市報界生平之光榮。

一九〇七年。且採用無電以傳達信息之媒介。
乃近代新聞史上之進步之設施。已從此發軔。而給
与(Peary)氏以極操縱之鼓勵及當航空術初於時代而
行進者市内之機之往來。凡所匡贊。尤已表示其進
步之精神。⊕

紐約泰晤士該報居史上最偉大之發達。厥為泰晤士大廈(The
Times Building)之建築及其成。⊕此也在四十二街(Forty-second
Street)及寬街(Broadway)此後合之北向四十二街之廣大三角形
面積。六名為泰晤士市⊕場區(Times Square)此實可認泰晤士寬
為一交會之組織。而為紐約市精神所寄託。尤有似乎之跡之
近于市心。實甚于確實之地。大地當新造地下鐵道之中
心點。且接近新車站。恰能分配。因之可足讀使利也。但此次

最近。其重要的紀念價值。就是大建築美上的一紀念。二十の
層之結頂。樸素其前。(仿佛老會鐘樓式上)其插雲霄。(高凡の三七十六尺。)為此區域之泰晤士命名之
下。其環境已形成一種新性質。先是其地僅有舊式住宅及
少數旅館之屬。從之飯店。今則戲院遂有多所。何彭游藝
名都會之中心。搖為繁華。城內不夜之廣街之亦面。實由北
而南。延長之泰晤士市場區。夜此字之際自之泰晤士大
廣之夜層入夜則の周光輝燦爛。由此向北發展而
成為"光明之路"(Great White Way)。
與泰晤士(該報)競爭者。從此樣堅持大地為郎基泰市場區(Longacre
Square)十有年。但大地向未正式用名之。名為泰晤士市場區之(稱之)名
過。數十地下鐵道之路將日以呼此地名以為彼新來之
居民及來自四方之遊客。亦幾此稱為泰晤士市場區一名定

（88）

街之市政所。为文学所称知。而亦为纽约界标之一。秦晤士市场区。此成为纽约市繁盛情凑之区。英增之高数旅馆高店及剧场。咸以秦晤士取名。每年经过秦晤士市场区车站者平均达一万二千万人。

此屋于一九〇〇年一月十八日奠基礼由费了人之十一龄女亦置础石。至一九〇五年之正旋竣工。此新建筑横跨地底铁道。因故支柱为植于路外之南方大地下结构而出之底积太多。地上之信而为屋用之各层地积统计之。屋当建筑物面积之十一倍。同工程之困难最大。近于屋经过困难。益读报秦晤士之一九〇〇年。目似克路誉屋之基地粗相当满。而新屋擅专美成于是不得不舍之为缘之地而迁至同路三十二丁大专撤利街。俾地屋之四印刷印。纽约秦晤士之获御大华丽之新衣着。至此乃为彼流辰之

鹤衣短褐乎哉一年。此辖时之历史，视都近古代邈矣之

而今乃哉。~~视为上由想像之狮石斋楼~~图地位之偏在

不得不将排字间设计地点而广告排字间则另设于室上

一倾斜之月台。此时而每日起以十六面之代其日报此屋

层倾泻之是矣乎果置身适之而

泰晤士之屋既成。游览者大都惊叹为此屋参观人有意识者或以为此屋

若最后之印机建筑及设备点少时不数语之限之

发展之大，此时之速，询之人颇饶兴味也。时乃八年前日

业之发展。该报馆在大伟之新屋中。以后则天涯地不

得不别构建树，以资扩充。日后有西向之十二街泰晤士新筑

(The Times Annex)之建筑，该屋大半为距泰晤士广场一代十步

之远。

但亦有不适之者。纽约于四十二街定街及第七街光线三角形中之摩晓士大厦。完全精密前用作光线。绝不采光楼面积之用。当成时即不能影射之自窗入于屋内。地窖之诸小大部分出售。自地下至屋外以及屋顶二层为营业部及各部。而十三楼以上各层为采访部编辑部。字内以及排字部于同业部扩充。排字及各部皆加之迫底。顶层拥塞不舒。而以地下各层为尤甚。印刷之工人不同工作于紧压的空气及热度之下。印刷机械之设备。为以各种最新式而未足以其事。至此亦证明之不适于报纸内容之扩充。又其所需要速度之用。于报纸之不同。不再度用之。铜石为新屋之经营。以其报其更大之想像。摩晓士大厦之建设而发挥纸范围于经济方面之势人战

石亚于工程之良身。但大厦乃为此楼阁及建筑设泰晤
士市场区域堪为最高，多于大厦身之装植铁中人及市
民。在今日（国）均日此之谓也。
泰晤士新报馆第。工程既竣。该报馆在此美述为最宏一最美
完美之钢铁设备，在西半球足以夸美者。（傅？）La Prensa
平楼凡十一层。大式楼（完全）适于钢铁之用，而用与泰晤士
市场内部之建筑形式，俱极调和，实为纽约大建筑。同
体。其结构成一大正方形。为全铁之东半部，在今日为最大
上者。乃楼三层及一塔也。
十一层中，东面五层，为储藏屋之用。纽约（利用？）[illegible]
年中。因纽约之增加及楼因太且后入楼之储建筑完全新
层之近郊五层。为营业时楼置于泰晤士大厦中之纽约

等。同时地下层的印刷部及邮递室。亦因此多业的膨涨。然而挤拢。同样拥塞。已看印机别有一厂大至先约可一层想像的所需。但因巨量工作底以从日续的增加。然后者断乎难而终以它的继续的扩充。得以措置裕如。所以引起房屋及制作的新问题等乃因印部的增加。

一九一三年。增编年纪录（Annalist）。但纽约泰晤士索引（The New York Times Index）时代史乘（Current History Magazine）等。墨相画报（Rotogravure）半周画报（Mid-Week Pictorial）及大地写真供给社（Wide World Photo Service）。其中凡关于战事的刊物的传播在一九一〇年作临时的供献。以满足读者在大战时所发生的新兴味等。不意竟成为永久而且至今的一中。大战时日报亦复为空前之扩充。以前隐界和日

分。分の為帖。僅得廿の页，即增为三十六页，更進而為三十六の十の
（四）以の十八页。
组织委员会（最近题出理想：有为完全新馆）へ進步。可自下列各项数
字へ比例。以大一號一九〇の年，在华支馆の十一月时，木铸地
面积为二万二千方呎，委员会场内へ建筑，则为の万六
千方呎，在为新厂中为十の万の千方呎，在已完成へ新
厂。则为三十一万七千七百八十八方呎。一九〇の年时印刷へ能力分
小时为十六版へ纸五万の千页。在委员会大厦内则为十六版
へ纸十の万の千页，在为新厂中理想的为の十八万の千页。
余则为三十七万二千页，或分秒一百卅三页。印分订钉一顿为
在完成へ新厂中。则为六十五万二千页。
在为新厂中。余六色印机の架外，并之以八色印机一架。

每分钟同时印两面之纸。长可于二百十三哩。或の架印机。每分钟可印百十一哩半。而是机可出则为每分钟十二哩半也。继续工作三十三小时。理想中可印两版面之纸。可以环绕地球一周。世界新屋中实际出版廿の页之报纸二十八万八千份。所需之纸为百〇二卷。重七十一吨。印刷仅需一小时。全部机件以电力运用。故其速度为惊人之广術。但为此可惊之速力。其控制及停止。仅须一按电钮。其全机组。尤奇者此巨大而笨重之机件之开动。依目力从不能辨出。回电力而得纪录。与其毫无差异。

试回想此组织者曙士之终の经营设备缺乏各

術一一三了而发明僞之の不一创刊了。乃进步

……之意。对此神秘之成功。大钢

释然之两字。即春晖之所抱中庸稳健忠实之信条。日久为吾东所认识。盖无为之日之行仰以表现随之而已。

ADMINISTRATIVE OFFICE

THE SHUN PAO

THE OLDEST EXISTING CHINESE DAILY IN CHINA

Established 1872

24 HANKOW ROAD, SHANGHAI, CHINA

申報

Cable: "Shunpao Shanghai"
Code: Bentley's
Telephone. 61576-8

倫敦泰晤士報考現記

第二頁	第七行	係西美學生会会長	添一會字
第三頁	第一行	以主筆者「之」領袖	去「之」字
第四頁	第三行	公文、密約、軍用地圖	旁加小点「、」
	第八行	孫中山、威尔遜	旁加小点「、」
第五頁	第一行	電自經过「郵政局」	恐係「電信局」之誤
第九頁	第二行	愛丁堡、格拉斯哥	加小点「、」
第十三頁	第八行	為黑袍僧派（Dominican）之教寺	加「黑袍僧派」四字
第十四頁	第二行	为伊利沙伯女王（ ）之朝	加「女王」二字
第十五頁	第一行	十章路加福音之首行	去「聖勒克」三字
第十五頁	第八行	……花崗石構成。主筆及經理室在部南向之上層，可俯視維多利亞街之景。廣告部則在於下層。印刷部在部方場之西北兩面，發行部則以蘇封巷为其入口。在其道之北。……	上段譯文中遺失，余覺其为重要，故補譯之，原文見P.3紅線中。
第十六頁	第六行	遂於一七八五年元旦。報行	加「元旦」二字。見P.4

①

ADMINISTRATIVE OFFICE

Cable:
"Shunpao
Shanghai"

Code:
Bentley's

Telephone.
61576-8

THE SHUN PAO

申報

THE OLDEST EXISTING CHINESE DAILY IN CHINA

Established 1872

24 HANKOW ROAD, SHANGHAI, CHINA

第十六页 第十行 此行與原文(P.5)不合。可改为「两字」。以之名新。時一七八八年元旦也」。

第十七页 第六行 以「六家分部」译P.5 from a half a dozen different quarters 意亦不合。今閱中文亦不了了解。

第十八页 第五行 König 改 Koenig.

第十九页 第十行 依原书附录段未译。可酌量补译之。

第廿二页 第二行 款税改纸税

第廿二页 第十二行 德至派林道町。只华文意为半岛。鲁佛森玩至德为西行矣。德至派林道町。然此半岛係指巴尔干半岛(Balkan Peninsula)。可改用此名。

不列颠州经年「派林道町」之地名也。

第廿四页 第四行 僅为一万二千一百行 加「万」二字。

第廿四页 第九行 改为……又于其后载梅里狄斯(G. Meredith)之「十字路口之女神」一说中。

第十行 哀歎阻止令 通称为「哀律」。

第廿六页 第四行 此為……盡興士契里今。只事今仍流於印刷者詩之

ADMINISTRATIVE OFFICE

THE SHUN PAO

申報

THE OLDEST EXISTING CHINESE DAILY IN CHINA

Established 1872

24 HANKOW ROAD, SHANGHAI, CHINA

Cable: "Shunpao Shanghai"
Code: Bentley's
Telephone. 61576-8

○

第二十六页 第十行

第二十七页 第二行

第二十八页 第六行

第二十九页 末行

第三十页 末行

入口处。舵夫任职之末年。由本书已禁止发卖之

施透林讲之。此为约翰施透林（J. Sterling）之文。

加来尔（Carlyle）曾为之作传。传中所称

「旋风大将」（Captain Whirlwind）即指其人。……

改用此段。录原译文文句如后。意本此欤。（P.15）

据俄之势力气焰。　此势为势力（P.15）

表示彼此今以为「表率」。

中有一段未译，其原文P.17页之后半，或可略去

加一段……之被害及接续其报（　）之

之事。继道森而起者。以为前国外通信员

国外新闻之主笔斯梯德（Wickham Steed）。

一九二二年北岩爵士作古。……

此段甚为重要，宜加入。

尚有两段未译。不知是否可以略去。

ADMINISTRATIVE OFFICE
THE SHUN PAO
THE OLDEST EXISTING CHINESE DAILY IN CHINA
Established 1872
24 HANKOW ROAD, SHANGHAI, CHINA
申報

Cable: "Shunpao Shanghai"
Code: Bentley's
Telephone. 61576-8

纽约春眠十九号改记

第四十四页 第四行 「画街」改为「古老画街」。上海亦有此街名。

第四十五页 第四行 「轰炸」改「爆炸」

第四十六页 第四行 下段另一空白。

第六行 伦敦、巴黎、柏林、罗马 加「、」点

第八行 改为……未日太阳之潮内之升落耳。……

第九行 改为……自然界、艺术界、文学界、科学界之发见及发展以及日常……并加「、」点

第四十七页 第四行 此行辞不达意。原文见P.5. 7H. 可重译。

第十一行 政治机关、报馆、法院、评论、教育等以及旅馆、剧场、音乐、宗教及新闻……加「、」点

第四十八页 第一行 改……吾人将原稿以打字机打之。即已完……

第五三页 第二行 改……并纪行街（Wall St.）、必麦行街（Beekman Street）、哈蒲（ ）、纽约时报、及公在纽约以及该处……并加「、」

第五十四页 第九行 罗马、柏林、巴黎、伦敦 加「、」点

第五十六页 第七行 伦敦、巴黎、马德里、柏林、阿姆斯特丹、维也纳。

⑤

酒馬、孟買、孟休克、墨爾本、東京、仿佛皆費勒及……

加「」呈

第五十八頁 第八行 「竟斯」改「白克酒斯」。

第六十一頁 第四行 改……於傅利葉（Fourierists）、馬克斯（Maxian）、及列寧（Leninist）之社會主義，係指他本以來……

第六二頁 第一行 係此行之意義，似係二者記往者機械部，而作如此詳述之文章，甚則須將讀文轉於條改，以觀讀者之讀念。

第六五頁 第十三行 「飛躍和」改為「飛躍法」，此方法而非和也。

第八一頁 執行新公式，讀至八十一頁第二行即止，此段係由行加入之文，而此處加一段刺激以改變行，以示區別，不致將此段之文章入前課也。

第八頁 第八行 由第八行起，係為文為「緒史」。此處須空一行或加以一段引標題，以示區別。

第八行 加字……「示蘇俄的東晴士之精神其為方一文。（記述一八五一至一九二四年間之事）。」事某篇偕……

ADMINISTRATIVE OFFICE

Cable: "Shunpao Shanghai"
Code: Bentley's
Telephone. 61576-8

THE SHUN PAO

THE OLDEST EXISTING CHINESE DAILY IN CHINA

Established 1872

24 HANKOW ROAD, SHANGHAI, CHINA

申報

第九十一页 第一行　轧昵林檯。此字英文中亦有引用之者，每以
铸字檯称之。此书每直以为"铸字檯"。

第九十三页 第八行　司第利也印板（Stereotype）。此字前无用过。
此书可似译为"铅板印刷机"一类。

第九十五页 第四行　……公司……（New York Times Publishing Co.）

第九十五页 末行　纽约泰晤士公司　New York Times Co.
此二公司未免为一名，如为一家，则好二名
统一采用之。

第九十九页 第十一行　"童游"

第一百页 第十行　"童游"　可改为"[illegible]游戏"。

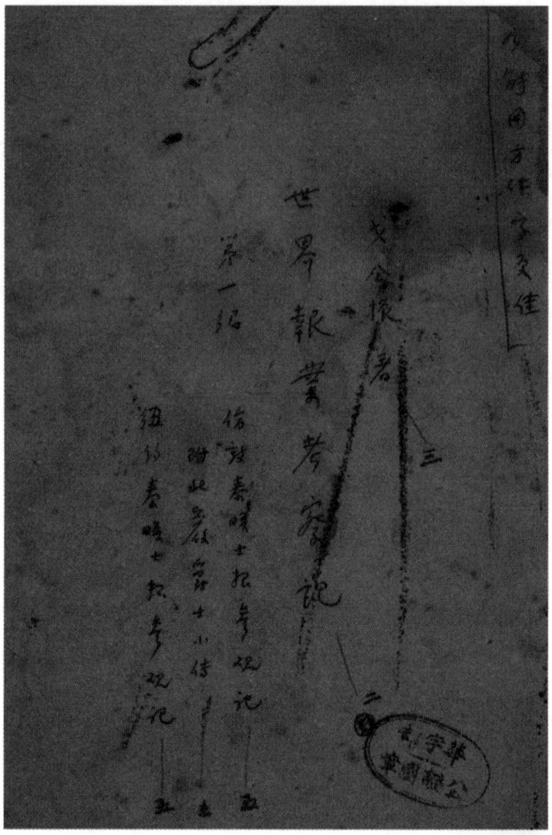

原書封面設計稿

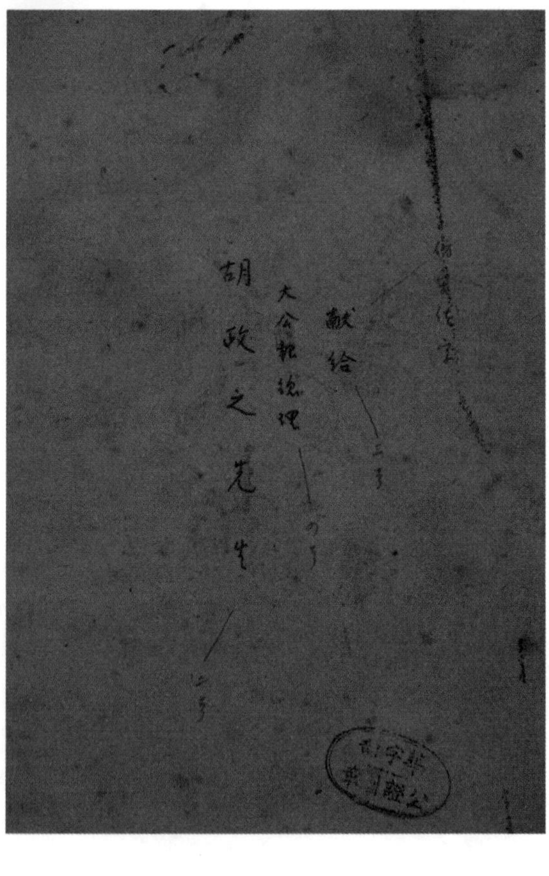

原書題獻頁設計稿

原書插頁

倫敦泰晤士報之要人
中：創辦人華爾透第一
左上：華爾透第五
右上：華爾透第二
左下：董事長艾士東少佐
右下：名主筆戴萊氏

原書插頁

上：新屋——倫敦泰晤士報營業部、編輯部所在地

下：舊屋——倫敦泰晤士報印刷部所在地，其前即有名之印刷局方場

原書插頁

左：一七九四年之倫敦印刷所方場

中：倫敦泰晤士報之參觀證

右：倫敦泰晤士報之招貼

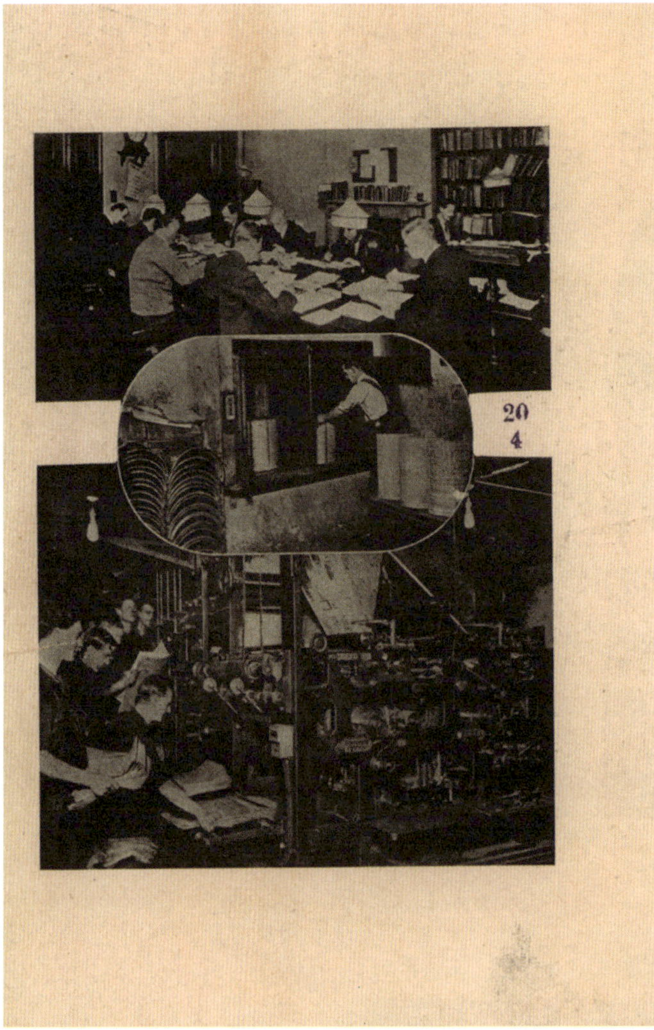

原書插頁

倫敦泰晤士報館之內容
上：副主筆室
中：澆版室
下：印刷室

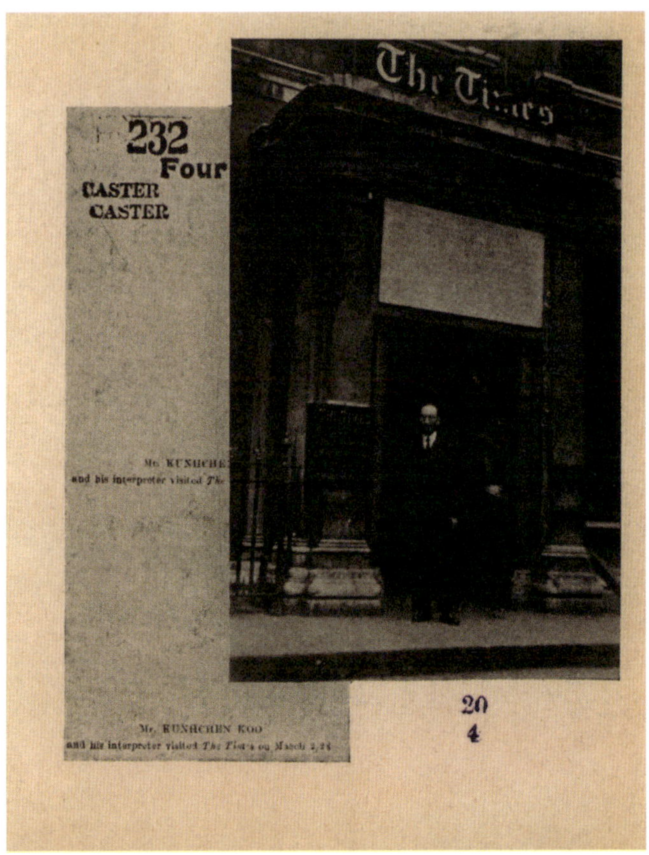

原書插頁

上：戈公振在倫敦泰晤士報館舊屋前留影
下：戈公振參觀倫敦泰晤士報時所排之新聞

原書插頁

上：北岩爵士遺影及其署名
下：紐芬蘭造紙廠工作之一斑

Daily Mail.

1896.

NEW LOVE STORY BEGINS TO-DAY

Daily Mirror 24 PAGES

PRINCESS SETS OFF ON TRANSLANTIC FLIGHT

原書插頁

北岩爵士所手創之兩有名報紙
上：《每日郵報》之創刊號
下：《每日鏡報》之五彩版

原書插頁

紐約泰晤士報館之外觀

原書插頁

左上：紐約泰晤士報新建築外觀
右上：紐約泰晤士報創始人芮門德
左下：紐約泰晤士報今大股東歐克師
右下：紐約泰晤士報縮影

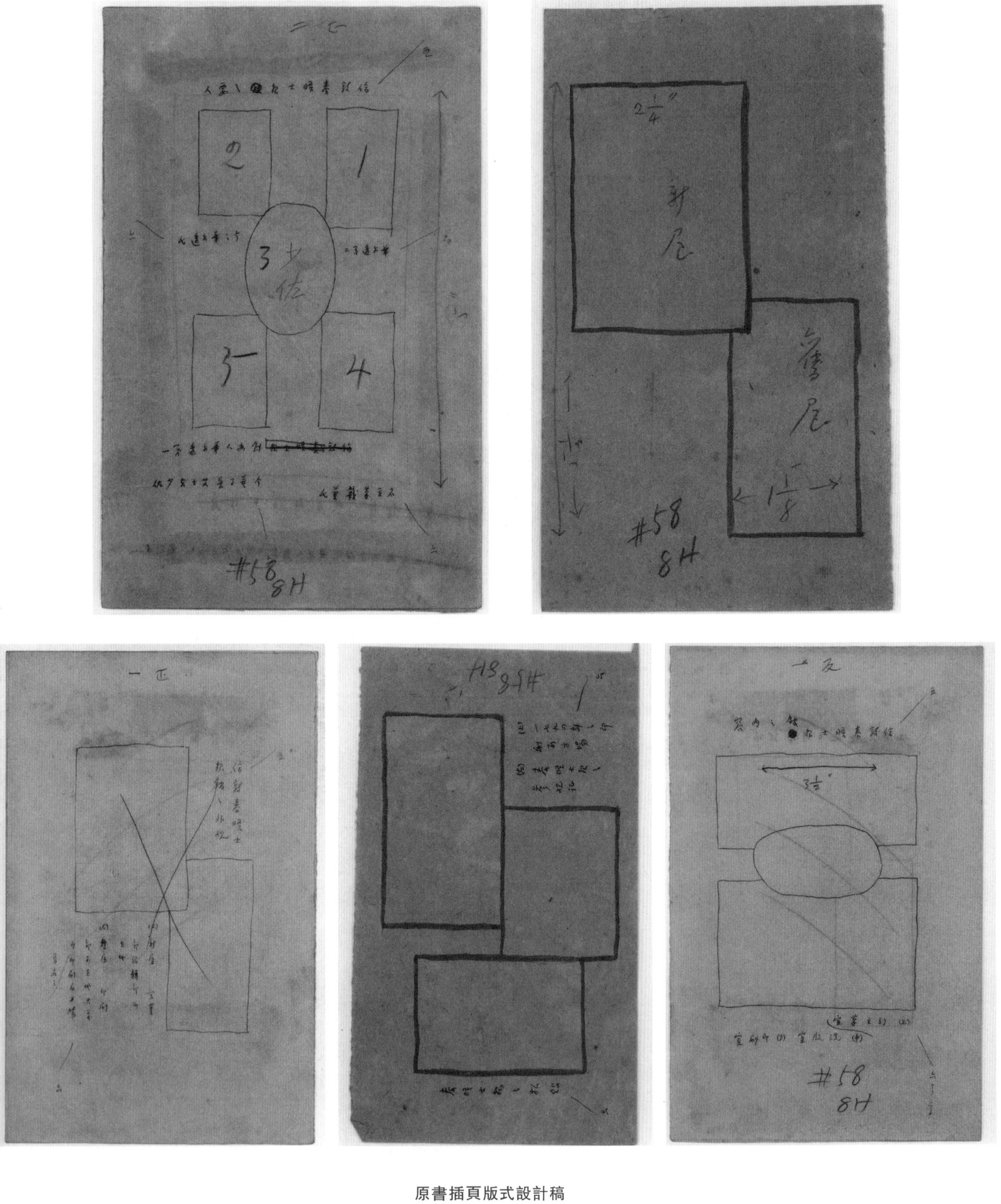

原書插頁版式設計稿

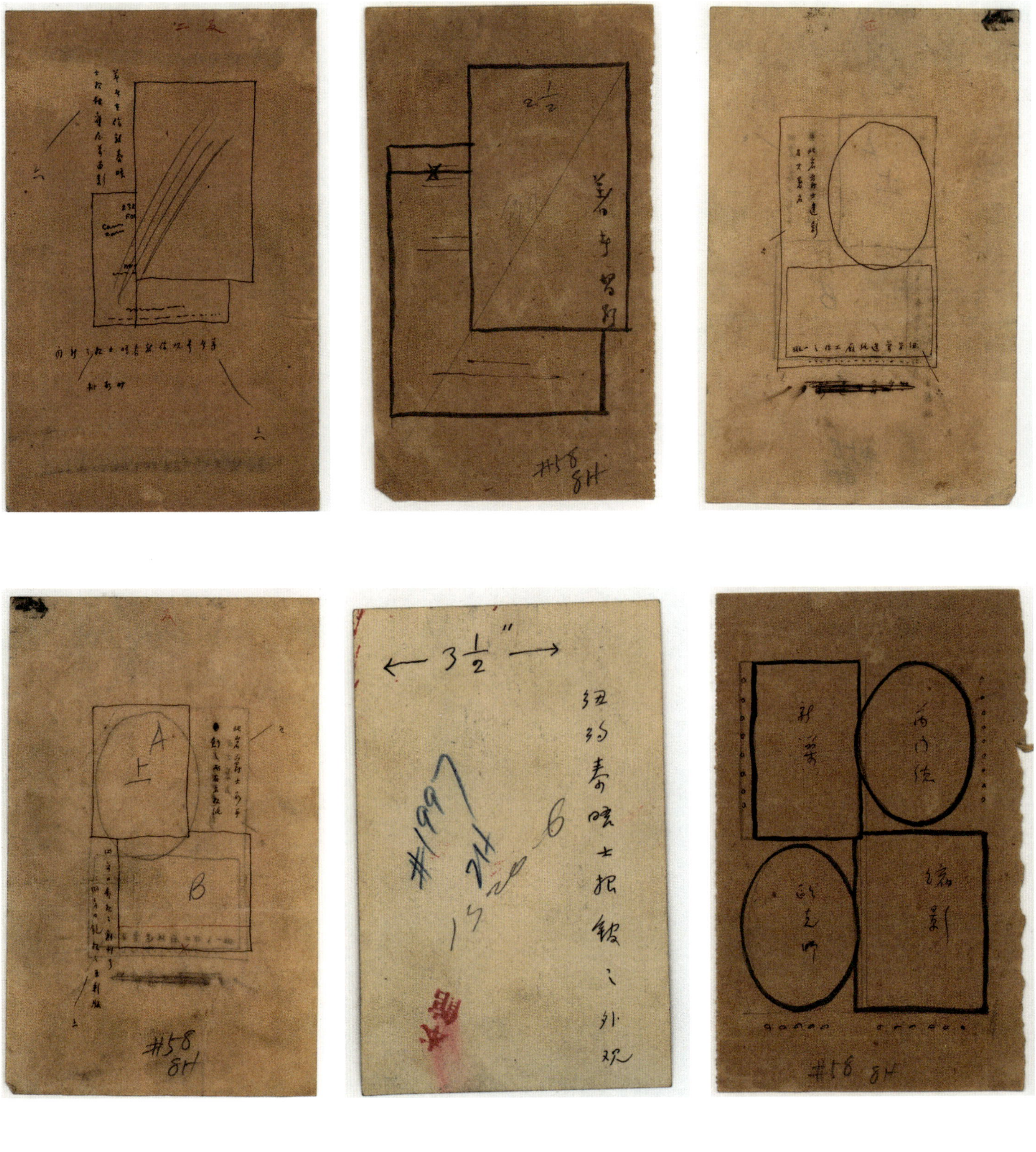

原書插頁版式設計稿